24,80

Manfred Wille

Metropole mit „lichter" Zukunft

Magdeburg 1933 – 1945

Block-Verlag

Inhaltsverzeichnis

Vorwort	7
Vergeblicher Widerstand gegen das Hineingleiten in die Krise	9
Errichtung der NS-Herrschaft in der Stadt	11
Erste kommunalpolitische Weichenstellungen	17
Bevölkerung und Stadtareal	20
Siedlungs- und Wohnungsbau	22
Nicht verwirklichte Projekte einer besseren Schifffahrt	28
Neue Strombrücke, Ost-West-Durchbruch, Gestaltung des westlichen Elbufers	31
Ausbau des Hafengeländes und Inbetriebnahme des Schiffshebewerkes	36
Alteingesessene Unternehmen und neue Industrieansiedlungen	41
Städtische Versorgungs- und Entsorgungsunternehmen	49
Ausbau von Straßennetz und Verkehrswesen	53
Geistig-kulturelles Leben unterm Hakenkreuz	60
Schule und Einflussnahme auf die Jugend	68
Sport unter erschwerten Bedingungen	71

Metropole mit „lichter" Zukunft. Magdeburg 1933 – 1945

Gesundheitswesen mit neuer Zielrichtung	74
Ausgrenzung und Verfolgung der jüdischen Mitbürger	79
Angespannte Lebensverhältnisse in den Vorkriegsjahren	82
Widerstand gegen Herrschaft und Ideologie des NS-Regimes	85
In den letzten Jahren vor dem „Tag X"	87
Aufbau des Luftschutzes mit Schwierigkeiten	93
Unter dem Damoklesschwert des Krieges	95
Jahre trügerischer Ruhe	100
Im Fadenkreuz der alliierten Bomber	103
Das Inferno am 16. Januar 1945	109
„Festung Magdeburg"	125
Eroberung und Besetzung der Stadt	130
Quellen- und Literaturverzeichnis	139
Bildnachweis	147
Plan der Stadt Magdeburg 1940	148

Metropole mit „lichter" Zukunft. Magdeburg 1933 – 1945

Elbansicht

Metropole mit „lichter" Zukunft. Magdeburg 1933 – 1945

Blick vom Alten Markt auf das Otto-von-Guericke-Denkmal (hinten Mitte) und das Neue Rathaus (hinten links)

Vorwort

Die Entwicklung Magdeburgs in dem hier behandelten Zeitraum ist ein kurzer, jedoch inhaltsreicher Abschnitt der Stadtgeschichte. Er ist maßgeblich durch die Machtausübung der NS-Diktatur geprägt. Das demokratische Stadtregiment wurde durch ein im Sinne des autoritären Führerprinzips gestaltetes Organ der mittelbaren Staatsverwaltung abgelöst. Die Diktatur beseitigte die nichtnazistischen Parteien und Organisationen sowie die demokratischen Rechte und Freiheiten der Bürger. Andersdenkende wurden verfolgt und verhaftet, die jüdischen Mitbürger diskriminiert, ausgegrenzt und schließlich in die Todeslager deportiert.

Die Reichsregierung verfolgte gegenüber Magdeburg eine divergierende Politik. Einerseits verlor die Stadt mit der Verlagerung des Gauzentrums nach Dessau ihre bisherige politisch-administrative Stellung im Territorium, andererseits erhielt sie aufgrund ihrer industriellen Basis sowie der günstigen verkehrsgeografischen und militärstrategischen Lage zunehmende wirtschaftliche Bedeutung. Gebührende Beachtung finden in der Publikation die Schwerpunkte der kommunalen Entwicklung – Bevölkerungszunahme, Stadtareal, Bautätigkeit, Ausbau des Verkehrsnetzes, Erweiterung des Industrie- und Handelsstandortes, geistig-kulturelles Leben, Sport.

Bemerkenswerte Ansätze der Stadtentwicklung und des urbanen Lebens fanden mit der Vorbereitung und dem Ausbruch des Krieges ein abruptes Ende. Auch in der Elbestadt stellte die NS-Propaganda die Menschen mit Parolen wie „Kanonen statt Butter" und mit Luftschutzübungen auf den kommenden Krieg ein. Verknappung der Lebensmittel, Einschränkung der kommunalen Ausgaben, schrumpfender Wohnungsbau sowie gekürzte soziale Leistungen lösten unterschwellig wachsende Unzufriedenheit in der Bevölkerung aus. Der Ausbruch des Krieges führte zur Einschränkung kommunalpolitischer Zielsetzungen und zum Abbruch bereits begonnener Projekte. Die Magdeburger Großindustrie wurde vollends auf Kriegsproduktion umgestellt, beutete zunehmend Zwangsarbeiter, Kriegsgefangene und KZ-Häftlinge aus. Während der Krieg in den ersten Jahren an weit entfernten Fronten tobte, lernten die Elbestädter ihn zuletzt am eigenen Leibe kennen. Die vom Oberbürgermeister 1933 prophezeite „lichte" Zukunft der Stadt war nun mit ihrer Zerstörung grausame Wirklichkeit geworden.

Metropole mit „lichter" Zukunft. Magdeburg 1933 – 1945

Die Arbeit wurde durch das Landesverwaltungsamt Sachsen-Anhalt finanziell gefördert. Der Behörde, vor allem Herrn Licht, und den Sponsoren Dr. Petzoldt, Prof. Dr.-Ing. Wille, Dr. med. Wille fühlt sich der Autor zu großem Dank verpflichtet. Gedankt sei den Herren Dr. Schmietendorf und Westermann, die den größten Teil der Bildvorlagen zur Verfügung gestellt haben. Die für die Untersuchungen unerlässliche Auswertung von Archivalien und Büchern war nur durch die Unterstützung der hiesigen Archive und des Museums möglich. Der Autor dankt Frau Dr. Ballerstedt, Frau Hebecker und Frau Jänicke (Stadtarchiv), Frau Grünwald und Frau Schettge (Kulturhistorisches Museum) sowie Frau Pautsch (Bundesarchiv) für die Hilfe und Ratschläge. Ein besonders herzliches Dankeschön gilt Frau Meißner für die Anfertigung des Manuskriptes, dem Block-Verlag und dem Gestalter Herrn Westermann.

Manfred Wille

[1] Vergeblicher Widerstand gegen das Hineingleiten in die Krise

Mitte der zwanziger Jahre sah sich Magdeburg auf dem Weg zur führenden Industrieregion Mitteldeutschlands. Diese Hoffnungen sollten jedoch nur von kurzer Dauer sein. Während die gesamtwirtschaftliche Entwicklung Deutschlands noch aufwärts verlief, ging es seit 1927/28 in der Elbestadt schon wieder bergab. Eine der wichtigsten Ursachen für den Abschwung lag in der einseitigen Struktur der Industrie. Sie war zum überwiegenden Maße auf Maschinen-, Apparate- und Armaturenbau ausgerichtet. Die Wurzeln der vor allem im Süden und Südosten beheimateten Großunternehmen (Krupp-Gruson, Maschinenfabrik Buckau R. Wolf, Schäffers Budenberg, Maschinen- und Armaturenfabrik, vormals C. Stroube, Polte) reichten bis in die Mitte des 19. Jahrhunderts zurück. Im Juni 1925 arbeiteten von den 28.532 in der Metallindustrie Beschäftigten (19,7 Prozent der berufstätigen Bevölkerung) 20.842 Magdeburger im Maschinenbau.[2] Die während des Krieges und in den folgenden Jahren unterbliebene Investitionstätigkeit hatte – international gesehen – zu einem Rückstand in der Produktionstechnik und damit auch zu abnehmenden Exportmöglichkeiten geführt. Um sich auf dem Weltmarkt behaupten zu können, war die auf Ausfuhr angewiesene Metallindustrie zu einschneidenden Rationalisierungsmaßnahmen, die einen spürbaren Arbeitsplatzabbau mit sich brachten, gezwungen. Dies alles verschärfte sich noch mit dem Ende der Nachkriegsprosperität und dem Ausbruch der Weltwirtschaftskrise. Es begann die schwerste Depression in der Geschichte der modernen Wirtschaft.

Seit Ende der zwanziger Jahre häuften sich für die Magdeburger Stadtväter die Sorgen und Probleme. Die städtischen Finanzen kamen immer mehr ins Rutschen. Es bereitete zunehmend Schwierigkeiten, ausbilanzierte Haushaltspläne aufzustellen. Die Zeit der außerordentlichen Haushalte und der Notetats begann. Bereits 1927/28 mussten 32 Projekte – u. a. ein neues Rathaus, der Bau der Herrenkrugbrücke, eine Schwimmhalle – zurückgestellt werden. Der Magistrat informierte, dass auf dem Hypothekenmarkt keine Gelder zu bekommen seien. Entscheidend für die Schwierigkeiten der Kommune waren die aufgrund des wirtschaftlichen Abschwunges ausgebliebenen Steuereinnahmen und die rapide angestiegene Arbeitslosigkeit. Da die erst 1927 in Deutschland eingerichtete Arbeitslosenversicherung über keine Rücklagen verfügte und es dem Staat immer schwerer fiel, das fehlende Geld zu beschaffen, mussten die ausgesteuerten Arbeitslosen schon nach wenigen Monaten von der Stadt als der untersten Armenbehörde weitestgehend im Rahmen der so genannten Wohlfahrtsfürsorge mehr schlecht als

Winternothilfe: Nähstube für Bedürftige in der Marstallstraße (1932)

recht unterstützt werden. Bereits Ende 1929 gab es – bezogen auf je 1.000 Einwohner – in Magdeburg mehr Unterstützungsempfänger als in den meisten deutschen Großstädten. Im Vergleich mit dem Jahre 1914 betrug der Wohlfahrtsetat das Zehnfache. Zusammen mit anderen Fürsorgeleistungen setzte der Magistrat 28 Prozent der Mittel des Gesamthaushaltes für die Wohlfahrt ein.[3]

Nach dem vollen Ausbruch der Weltwirtschaftskrise spitzte sich die wirtschaftlich-soziale Lage von Monat zu Monat weiter dramatisch zu. Neben der ausufernden Beschäftigungslosigkeit der Arbeiter und Angestellten gerieten Kleinindustrielle, Gewerbetreibende und Handwerker wegen steigender Steuerleistungen

Metropole mit „lichter" Zukunft. Magdeburg 1933 – 1945

und des ausbleibenden Absatzes ihrer Produkte an den Rand des Ruins. Vor allem in den Vororten waren Not und Elend allgegenwärtig. Im Januar 1933 erhielten 19.207 Familien Wohlfahrtsfürsorge. Die Zahl der Erwerbslosen lag jedoch weitaus höher. Ein Teil wurde jedoch nicht von der Statistik erfasst, da er – aus welchen Gründen auch immer – nicht um Fürsorge nachsuchte. Die städtischen Behörden vermittelten Arbeitslose in zeitweilige Tätigkeit (Notstandsprojekte), damit sie anschließend, wenn auch nur für kurze Zeit, staatliches Arbeitslosengeld oder Krisenfürsorge beanspruchen konnten und so die

Wie allerorten so zerrütteten die Wirtschaftskrise und die soziale Not auch das politisch-gesellschaftliche Leben in der Elbestadt. Seit Anfang der dreißiger Jahre spitzten sich die Differenzen zwischen den die Republik tragenden Parteien und den Extremisten mehr und mehr zu. Mit Beginn des Jahres 1932 geriet das Magdeburger Alltagsleben in den Sog der großen politischen Auseinandersetzungen, die sich zunehmend auf die Straße und in die Großveranstaltungen verlagerten. Der permanente Wahlkampf – zwei Etappen der Reichspräsidentenwahl (März/April), Landtagswahl in Preußen (April), zwei

Winternothilfe: Zubereitung von Mittagessen durch die Reichswehr in der Kaserne an der Jerichower Straße (1932)

Finanzen der Kommune etwas entlasteten. Um der ausufernden sozialen Not etwas begegnen zu können, appellierte der Magistrat an begüterte Bürger, Arbeitgeberverbände, Kirchen und Wohlfahrtsorganisationen zu helfen. Gelder wurden gesammelt, um vor allem in der kalten Jahreszeit den Bedürftigsten eine warme Mahlzeit zu geben. Die Winternothilfe verteilte Lebensmittel und Bekleidung. Schulkinder von Erwerbslosen bekamen täglich einen Becher Milch. All das war jedoch nur „ein Tropfen auf dem heißen Stein".

Reichstagswahlen (Juli/November) – beschleunigte die Polarisation der Anhänger und Gegner der Republik. Er ließ den Graben zwischen Demokraten und Extremisten immer tiefer werden. Dabei setzten sich bei den letzteren die Nationalsozialisten immer mehr an die Spitze.

Metropole mit „lichter" Zukunft. Magdeburg 1933 – 1945

Errichtung der NS-Herrschaft in der Stadt

Oberbürgermeister Ernst Reuter spricht in der Stadthalle

Nachdem die Hitleranhänger den Novemberschock – das schlechte Abschneiden bei der Reichstagswahl – überwunden hatten, nahmen sie seit der Jahreswende 1932/33 immer mehr Einfluss auf das politische Leben Magdeburgs. Die demokratischen Kräfte und Andersdenkende wurden zunehmend in die Defensive gedrängt. Nahezu tägliche Überfälle der SA auf Antifaschisten waren die Regel.
Zu denjenigen, die den Rechtsradikalen die Stirn boten, gehörte Oberbürgermeister Reuter. So warnte er in seiner letzten, vor der NS-Machtübernahme gehaltenen öffentlichen Rede: „Dieses Regime, das aufzieht, bedeutet Krieg, das ist der Sinn des Regimes. Unter diesem Regime muss unser Vaterland endgültig zerbrechen."[4]

Am 30. Januar wurde Hitler mit der Kanzlerschaft betraut. SA, Stahlhelm und Hitlerjugend (HJ), veranstalteten am folgenden Abend in der Innenstadt einen Fackelumzug. Während die Sozialdemokraten in einem Aufruf noch einmal ihren Standpunkt unterstrichen, die politischen Auseinandersetzungen auf dem Boden der Verfassung führen zu wollen, riefen die Kommunisten zum Widerstand und zum Generalstreik auf. Gemäß einem Erlass des kommissarischen Innenministers in Preußen, Göring, verbot der Magdeburger Polizeipräsident alle kommunistischen Aktionen und Demonstrationen im Stadtgebiet.[5] Am 5. Februar erfolgte in Preußen die Auflösung der Kommunalparlamente. Entsprechende Neuwahlen wurden eine Woche nach der abermali-

Metropole mit „lichter" Zukunft. Magdeburg 1933 – 1945

Aufmarsch von NS-Anhängern am 1. Mai 1933 auf dem Breiten Weg

gen Wahl eines neuen Reichstages für den 12. März anberaumt. Die Hoffnungen der Hitleranhänger, bei den Reichstagswahlen die absolute Mehrheit der Stimmen zu erhalten, erfüllten sich nicht. Das waren schlechte Aussichten für das anstehende Votum für die Stadtverordnetenversammlung. Deshalb mobilisierte die NSDAP noch einmal die Anhänger, um die anderen politischen Kräfte einzuschüchtern und von der Wahl abzuhalten.

Am 11. März putschte die SA in der Stadt und versuchte im Sinne der Nazis vollendete Tatsachen zu schaffen. Bewaffnete SA-Männer drangen in das Rathaus ein. Während der Oberbürgermeister den Demütigungen nur entgehen konnte, weil ihn ein höherer Polizeioffizier in „Schutzhaft" nahm, wurde sein Stellvertreter Goldschmidt gezwungen, die Hakenkreuzfahne zu grüßen und an der gewaltsamen Besetzung des Verwaltungsgebäudes der republikanischen Wehrorganisation „Reichsbanner" teilzunehmen. Ein Protestschreiben Reuters an den Reichspräsidenten Hindenburg blieb ohne Resonanz.[6]

Trotz Einschüchterung und Terror erreichte die NSDAP ihr Ziel – die absolute Mehrheit der Wählerstimmen – nicht. Gemeinsam mit dem Kampfblock Schwarz-Weiß-Rot (NSDAP und Kampfblock 37 Abgeordnete, die anderen Parteien 30 Abgeordnete) wurden jedoch in den Tagen nach der Wahl neben Reuter und Goldschmidt die sozialdemokratischen und demokratischen Stadträte – unter anderen Stadtmedizinalrat Dr.

Konitzer, Stadtschulrat Löscher, die Stadträte Haupt, Pulvermann, Wittmaack – ihres Postens enthoben. Zynisch hieß es, sie würden aufgrund der politischen Umwälzung […] bis auf weiteres beurlaubt.[7] In einer Verordnung forderte der Statthalter für Magdeburg-Anhalt, NS-Gauleiter Loeper, für die Bekleidung öffentlicher Ämter nur Personen zu benennen, die „im Kampfe für die nationale Erhebung in vorderster Reihe unter Einsetzung ihres Lebens und ihrer Berufsstellen gestanden hätten".[8] Entsprechend dieses Auswahlprinzips wurde – zwar gegen den Widerstand der etablierten Altnazis in der Elbestadt – der Syndikus und Geschäftsführer der Vereinigten Innungen Magdeburgs und mehrerer mittelständischer Unternehmen Fritz Markmann, NSDAP-Mitglied seit 1931, als Oberbürgermeister kommissarisch berufen. In einem Schreiben des Regierungspräsidenten an das Preußische Innenministerium hieß es über das neue Stadtoberhaupt: „Er bietet die volle Gewähr, dass er sich jederzeit rückhaltlos für die Regierung der nationalen Erhebung einsetzt."[9]

Am 28. März 1933 trat die gewählte Stadtverordnetenversammlung zusammen. Zuvor hatte der Preußische Innenminister Göring die Teilnahme der kommunistischen Abgeordneten „wegen Verdacht des Hochverrats" untersagt. Der Öffentlichkeit wurde erklärt, die Kommunisten hätten „die Wahl nicht angenommen."[10] Bei der Eröffnung der Sitzung sagte der Nazi Kuhlmey: Die Volksverderber seien davongejagt worden. „Die deutsche Revolution hat auch die Umgestaltung dieses Stadtparlaments vollzogen. Es ist damit die Gleichschaltung mit den Volksvertretungen des Reiches und der Länder erfolgt. Diese Gleichschaltung betrifft nicht nur das äußere Bild der Zusammensetzung der Stadtverordneten – sie ist insbesondere eine Gleichschaltung mit dem Geist, der jetzt in alle deutschen Volksvertretungen eingekehrt ist und einkehrt."[11] Die Sozialdemokraten, die bei der Vorstandswahl des Stadtparlaments sich der Stimme enthalten hatten, fühlten sich nicht gleichgeschaltet, waren jedoch bereit, in den Ausschüssen mitzuarbeiten. Wurden in den ersten Monaten für Abgeordnete, die ihr Mandat niedergelegt hatten, neue SPD-Vertreter eingesetzt, so verfügte ein ministerieller Runderlass vom 23. Juni, alle Sozialdemokraten aus dem Stadtparlament zu entfernen. Von den gewählten Stadtverordneten – einschließlich der sechs Kommunisten – nahmen Anfang August noch 33 Personen das Mandat wahr. Trotzdem erklärte sich das Gremium weiterhin für beschlussfähig.[12]

In der sich ausprägenden NS-Diktatur wurde die Funktion der Vertretungskörperschaften mehr und mehr ausgehöhlt. Die letztlich bestehende Einpartei-

Bild links: Oberbürgermeister Fritz Markmann

Bild rechts: Anpassung des Handwerks an das neue Regime

Metropole mit „lichter" Zukunft. Magdeburg 1933 – 1945

„Engpass" am Breiten Weg

enherrschaft führte alle parlamentarischen Geflogenheiten ad absurdum. Am 21. Dezember beendete das Torso des ehemaligen Stadtparlaments die Tätigkeit. Der Vorsteher des Gremiums Grüßner stellte fest, der bisherige Spuk sei verflogen, „der böse Traum der letzten 14 Jahre zu Ende; geblieben ist nur ein riesiger Trümmerhaufen." Weiterhin sagte er: „Es lohnt nicht, ihr [der Stadtverordnetenversammlung, M.W.] große Tränen nachzuweinen. Als wir im März dieses Jahres in die Versammlung hineingingen, geschah dies mit Misstrauen gegenüber dem, was hier an parlamentarischem Umfug vorhanden war." Dem Oberbürgermeister wünschte er „als dem alleinigen Leiter der Geschicke der Stadt, dass er bald alle Hoffnungen erfüllen möge."[13]

Am 6. Juli 1933 war Markmann von dem aus Nazis und Mitgliedern des Kampfblockes Schwarz-Weiß-Rot bestehenden städtischen Rumpfparlament einstimmig gewählt und zwei Monate später (16.9.) offiziell in sein Amt berufen worden. Entsprechend einer Ortssatzung wurden dem Oberbürgermeister hauptamtliche (besoldete) und nebenamtliche (unbesoldete) Ratsherren (Gemeinderäte) „beigegeben". Zu den acht Hauptamtlichen zählten der zweite Bürgermeister Dr. Becher, Stadtbaurat Götsch, Stadtschulrat Dr. Donath und der Kämmerer Dr. Klewitz. Der national-konservative Klewitz, bereits Mitglied der vorigen Stadtverwaltung, hatte kurze Zeit die Stadtgeschäfte bis zur kommissarischen Berufung Markmanns geführt. Die Wahl der hauptamtlichen

Metropole mit "lichter" Zukunft. Magdeburg 1933 – 1945

Magistratsmitglieder – von einer Ausschreibung der Stellen hatte man wie es hieß „abgesehen" – war ebenfalls in der Stadtverordnetenversammlung „durch Zuruf einstimmig" erfolgt.[14] Die unbesoldeten Ratsherren rekrutierten sich aus nazistisch eingestellten Leitern bzw. Besitzern von Wirtschaftsunternehmen (so Nathusius, Fahrenholtz), Kaufleuten, Rechtsanwälten und Führern lokaler NS-Organisationen.

Hatte der Oberbürgermeister entsprechend des NS-Führer-Gefolgschaftsprinzips ursprünglich die alleinige Weisungskompetenz an der Spitze der Stadtverwaltung, so wurden seine Befugnisse merklich eingeschränkt, als 1935 der Kreisleiter der NS-Partei Rudolf Krause zum „Beauftragten der NSDAP für die Stadt Magdeburg" berufen wurde. Fortan bedurften wichtige Entscheidungen des Oberbürgermeisters seiner Zustimmung. Krause oblag es in den folgenden Jahren, die unbesoldeten Ratsherren auszuwählen und einzusetzen. Er benannte fast ausschließlich Mitglieder der NSDAP, vor allem Funktionäre der Partei und der NS-Organisationen. Krause, ein fanatischer Verfechter der NS-Ideologie, hatte maßgeblichen Anteil an der Durchsetzung des Herrschafts- und Repressionssystems in der Elbestadt. Zur umfassenden politischen Säuberung wurde im Frühjahr 1933 ein „Untersuchungsausschuss zur Feststellung von Missständen in der städtischen Verwaltung" gebildet. In Anwendung der „Verordnung zur Wiederherstellung des Berufsbeamtentums" entließ derselbe aus den städtischen Behörden, Institutionen und Unternehmen alle dem Regime nicht genehmen Personen. Innerhalb eines Jahres (bis 1.3.34) mussten 38 Beamte und 248 Angestellte ihren Dienst quittieren.[15]

Um dem diktatorischen Regime den Schein eines angeblichen Mitspracherechts der Bevölkerung zu geben, wurden für wichtige kommunalpolitische Bereiche (so z. B. für Bauwesen, Straßenreinigung, Gas-, Strom-, Wasserversorgung, Kultur) Beiräte – natürlich NSDAP-Mitglieder bzw. Anhänger des Regimes – mit dem entsprechenden Fachwissen durch den „Beauftragten der NSDAP für die Stadt Magdeburg" berufen.[16] Die regelmäßig von den Ratsherren mit den Beiräten durchgeführten Zusammenkünfte informierten über anstehende Projekte und holten die Meinungen der Anwesenden ein.[17]

Die Reichshalle in der Otto-von-Guericke-Straße

Metropole mit „lichter" Zukunft. Magdeburg 1933 – 1945

Bild oben:
SA-Denkmal auf dem Domplatz

Bild unten:
Aufmarsch am Encke-Kanoniertag 1934

Erste kommunalpolitische Weichenstellungen

Blick vom Breiten Weg in die Alte Ulrichstraße

Die NS-Stadtverwaltung war 1933 nicht in der Lage, einen ausgeglichenen Finanzhaushalt aufzustellen. Der Etat wies einen Fehlbetrag von über fünf Millionen RM aus. Dazu kamen die aus den Jahren der Wirtschaftskrise angehäuften Verbindlichkeiten. Um die wichtigsten Ausgaben bestreiten zu können, mussten Steuern (so die Gewerbe-, Ertrags-, Grundvermögenssteuer) sowie Abgaben (für Straßenreinigung, Wasser, Abwasser) erhöht werden. Es wurde begonnen, kommunale Unternehmen und Projekte wie Gärtnereien, den Großgemüseanbau in Körbelitz/Gerwisch, die Handwerksstätten im Versorgungsheim aufzugeben. 1934 konnte, wie es in einer Verlautbarung hieß, „nach Jahren hoher Fehlbeträge, des Schwundes aller Rücklagen, steigender Verschuldung und dauernder Kassenschwierigkeiten ein im Zeichen der finanziellen Gesundung stehender Haushaltsplan aufgestellt werden." Somit sei es gelungen, „die Gemeindefinanzen aus der Erstarrung zu lösen, in die sie durch steigende Wohlfahrtslasten und sinkende Steuererträge geraten waren".[18] In Wirklichkeit stand die gepriesene finanzielle Stabilisierung auf tönernen Füßen. Die Haushaltspläne wurden als „ausgeglichen" ausgewiesen, indem man die Fehlbeträge früherer Jahre unberücksichtigt ließ. Dazu kam, dass ein Gesetz über die Änderung des Finanzausgleiches die Anteile der Stadt an der Einkommens-, Körperschafts- und Umsatzsteuer zugunsten des Reiches kürzte.[19] Für zu erwartende Überschreitungen der Haushaltspläne mussten Nachträge beschlossen werden. So hieß

Metropole mit „lichter" Zukunft. Magdeburg 1933 – 1945

Der Breite Weg mit der Katharinenkirche

es in der Begründung des dritten Nachtrages für den außerordentlichen Teil der Haushaltssatzung 1935, die Ausgaben konnten nicht mit annähernder Sicherheit geschätzt werden, „weil große und wichtige Probleme, so z. B. im Landesverteidigungsinteresse, plötzlich an die Stadt herangetragen wurden, deren Durchführung nicht bis zum nächsten Rechnungsjahr zurückgesetzt werden kann."[20]

Vordergründiges Ziel der NS-Behörden war es, Mittel im sozialen und charitativen Bereich einzusparen. Bereits im April 1933 beschloss der Magistrat, bei Gewährung entsprechender Zuschüsse möglichst ganze Fürsorgezweige der privaten Wohlfahrtspflege zu überlassen. Mit dem eingeleiteten Abbau des

Fürsorgeamtes wurden, wie es hieß, „wesentliche Vereinfachungen vorgenommen."[21] Zwei Beamte, 15 Angestellte und 22 Fürsorgerinnen verloren den Arbeitsplatz. Die städtischen Kindergärten wurden privatisiert bzw. den Kirchen übergeben. Sämtliche bislang tätigen Kindergärtnerinnen erhielten die Kündigung. „Im Interesse der städtischen Finanzen haben wir nach der Umstellung der städtischen Verwaltung im Frühjahr sofort geprüft, in welchem Umfang Einschränkungen im städtischen Gesundheitswesen möglich sind", ließ die Stadtverwaltung wissen.[22] Die Zahl der Bezirksstadtärzte wurde verringert. Säuglingsberatungsstellen und Schulzahnkliniken mussten ihre Tätigkeit einstellen.

Im Interesse der kommunalen Kassenlage galten verstärkte Bemühungen dem Abbau der Arbeitslosigkeit. Das war um so notwendiger, nachdem die staatlichen Gelder für die Erwerbslosen gekürzt worden waren. Auf der Grundlage eines Gesetzes zur Verminderung der Arbeitslosigkeit verabschiedete die Stadt Mitte 1933 einen so genannten Arbeitsbeschaffungsplan, der bei Inanspruchnahme von Reichsmitteln über 60.000 Tagewerke (Tagewerk = ein Arbeitstag für einen bisherigen Erwerbslosen) vorsah. Folgende Projekte wurden ins Auge gefasst: 1. Ausbau des Straßennetzes, so die Jerichower Straße, die Ebendorfer Chaussee, die Umgestaltung des Ratswaageplatzes; 2. Stadtentwässerung durch die Regulierung der Schrote, der Sülze und der Faulen Renne; 3. Instandsetzungsarbeiten an Schulen, Ausstellungshallen und Krankenhäusern.[23] Unaufschiebbar war der Neubau der Herrenkrugbrücke. Die marode Holzkonstruktion musste dringend ersetzt werden. Beim Bau der Autobahn Berlin-Hannover fanden zeitweilig 1.500 Magdeburger Beschäftigung.

Unterstützungsempfänger, im amtlichen Schriftverkehr durchgängig als Asoziale bezeichnet, wurden zur Pflichtarbeit gezwungen. Die Behörden sahen es als ihre Aufgabe an, für diese Menschen, „die nicht den Willen aufbringen können, ihren Unterhalt freiwillig durch Arbeit zu verdienen", Beschäftigung zu beschaffen. So wurden junge Menschen in einem Arbeitslager in Randau untergebracht und von der Forstverwaltung Luisenthal eingesetzt. In der Waldarbeit böte „sich die Möglichkeit, die asozialen Elemente unter strenger Aufsicht an Arbeit zu gewöhnen und entsprechend zu behandeln."[24] Mit staatlicher Förderung entstanden für einen Teil der Obdachlosen provisorische Unterkünfte, so 50 Notwohnungen am Zipkeleber Weg sowie 14 Barackenwohnungen und drei Baracken an der Metzer Straße.[25] Auf stadteigenem Gelände erhielten Arbeitslose Kleingärten. Der spürbare Rückgang der Arbeitslosigkeit ermöglichte es Ende 1934, die für die Erwerbslosen bis dahin zuständige Behörde aufzulösen. Das Wohlfahrtsamt wurde in „Städtische Fürsorgeverwaltung und Jugendamt" umbenannt.

Bevölkerung und Stadtareal

Anfang der 30er Jahre lebten in Magdeburg knapp über 300.000 Menschen. 1931 wurde die Wohnbevölkerung – das heißt die hier ansässigen Bürger – mit 308.643 Personen beziffert. Daran änderte sich in den folgenden Jahren nichts Wesentliches. Zu- und Fortziehende hielten sich nahezu die Waage. Zunächst war die Stadtverwaltung an dem von auswärts kommenden Zuwachs der Einwohnerschaft nicht sonderlich interessiert, da es bereits an Wohnraum für die Altansässigen mangelte und erst die einheimischen Arbeitslosen in Tätigkeit gebracht werden sollten. Schon bald verlangte jedoch die Industrie, vor allem die sich im Norden ansiedelnden großen Werke, den Zuzug von Arbeitskräften. Ein beachtlicher Wanderungsgewinn (mehr zuziehende als abwandernde Bürger) setzte 1936 mit über 6.000 Personen ein. Dazu kam ein Geburtenüberschuss von 493 (mehr Lebendgeborene als Verstorbene). Zwei Jahre später betrug der Geburtenüberschuss 1.148 und der Wanderungsgewinn 5.458 Personen.[26] Die Zuziehenden waren meist junge Einzelpersonen oder Familien. In einem Papier der Stadtverwaltung hieß es, wenn der Wanderungsgewinn längere Zeit anhält, „wird sich die Struktur der Magdeburger Bevölkerung grundlegend ändern und eine Verjüngung erfahren, so dass die aus der Überalterung entstehenden Nachteile etwas gemildert werden". Gleichzeitig wurde darauf verwiesen, die Zuwanderung würde die Wohnungsfrage in noch größerer Schärfe stellen.[27] Vor dem Kriegsausbruch (1.4.1939) betrug die Einwohnerzahl 333.292, um drei Jahre später (1.4.42) die höchste Ziffer mit 342.378 Personen zu erreichen.[28] In den oben aufgeführten Zahlen sind sowohl das in den Kasernen stationierte Militär als auch die während des Krieges in der Industrie tätigen Zwangsarbeiter, Kriegsgefangene und KZ-Häftlinge nicht enthalten. Zu ihnen soll an anderer Stelle mehr gesagt werden.

Von 1933 bis 1944 betrug die Erweiterung des Magdeburger Stadtgebietes 307 ha (1933 – 12.805 ha; 1944 – 13.112 ha). Hinter der Zahl verbergen sich Ein- und Ausgemeindungen sowie Gebietstausch mit den Umlandorten und vor allem mit der Elbstromverwaltung. So erfolgten Landabgaben der Dörfer Biederitz und Gübs. Bereits Ende der 20er Jahre war entschieden worden, den früheren Forstgutsbezirk Biederitz in die Stadtgemeinde einzugliedern. Die dazu mit dem Forstfiskus geführten Auseinandersetzungen zogen sich bis in die 30er Jahre hin. Auf Grund eines Gesetzes musste Gübs 76,9 ha Land zwischen der Berliner Chaussee und dem Biederitzer Busch vor allem zum Ausbau des Flugplatzes abtreten. Mit Randau und Lostau wurde Land ausgetauscht. Für einen Magdeburg zugeschlagenen Gutsbezirk kam zu Randau eine Enklave (52,7 ha), während Lostau die den Zuwachs umschließende Alte Elbe (90,1 ha) erhielt.[29]

1937 gab es im Rathaus einen grundsätzlichen Gedankenaustausch zu Eingemeindungsfragen. Dazu legte ein Vortrag über raumpolitische Erwägungen hinsichtlich der Ausweitung des Stadtgebietes die Grundlage. Der Oberbürgermeister hielt das Ergebnis der Beratung folgendermaßen fest: Im Norden der Stadt sollte die Eingemeindung der Feldflur nördlich von Rothensee zwischen Elbe, Mittellandkanal und der Bahnstrecke von Magdeburg nach Stendal betrieben werden. Westlich und südwestlich der Stadt war die Eingliederung von Olvenstedt und Groß Ottersleben, die beide eng mit der Wirtschaft Magdeburgs verflochten waren, anzustreben. Im Osten gab es keine Veranlassung, das Stadtareal zu erweitern. Hier bildete der Umflutkanal die natürliche Stadtkreisgrenze. Jedoch wollte man die Einverleibung von Heyrothsberge erreichen. Ein Ministerialerlass hatte hinsichtlich der Ausdehnung nach Süden eine Barriere errichtet. Schönebeck sollte selbständig bleiben.

Die Umsetzung des „Strategiepapiers" zu Eingemeindungsfragen kam in den folgenden Jahren nur teilweise zum Tragen. In der NS-Zeit wurde keine Gemeinde in das Stadtgebiet eingegliedert. Der Geländezuwachs beschränkte sich im Wesentlichen auf den Norden und das Elbufergebiet. Dabei hatte der Grundstückstausch mit der Elbstromverwaltung die größte Bedeutung. Für die so genannte Regulierung der Stromelbe, deren Einzelheiten später erläutert werden, und den Elbabstieg des Mittellandkanals benötigte die Elbstromverwaltung auf der linken Seite des Flusses gelegenes stadteigenes Gelände von der Herrenkrugbrücke abwärts – insgesamt 86,96 ha. Die Stadt erhielt im Flächenaustausch 208,5 ha. Im

Metropole mit "lichter" Zukunft. Magdeburg 1933 – 1945

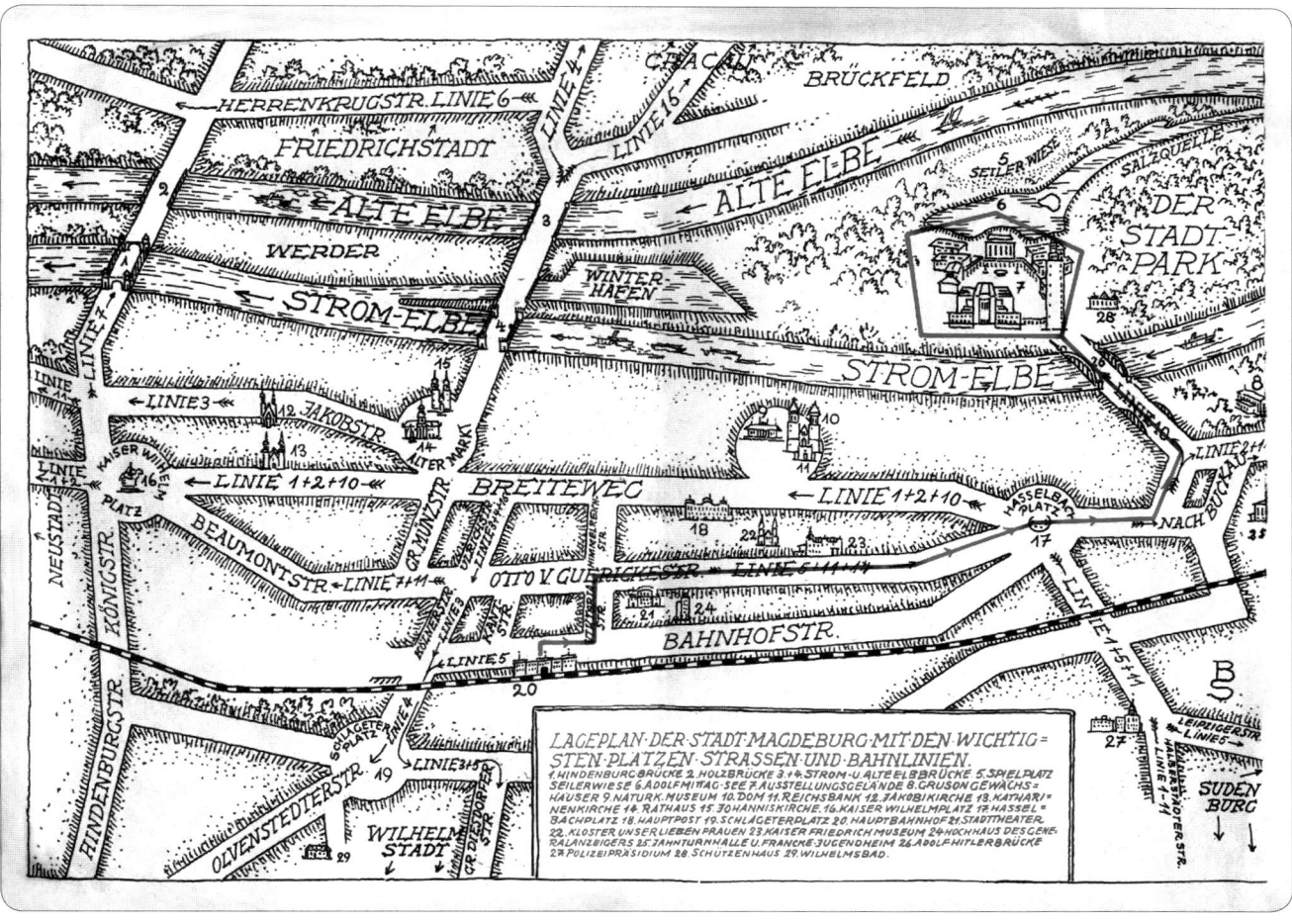

Lageplan der Stadt Magdeburg in den 30er Jahren

Einzelnen zählten dazu der Barleber See, Land in der Barleber, der Rothenseer und Elbeuer Feldmark, ein Teil des Wolfswerders in der Gemarkung Buckau (an der Sülzemündung in die Elbe), der Hirschbergwerder in der Feldmark Fermersleben und das Elbvorland des Katzenwerders in der Feldmark Fermersleben. In einer Einschätzung der Stadtverwaltung hieß es: „Die Stadt erhält danach den Barleber See mit seinem ausgedehnten Uferland und wird dadurch in die Lage versetzt, für die Magdeburger Bevölkerung ein großes Erholungsgelände zu schaffen. Mit dem Erwerb des Hirschbergwerders und des Katzenwerders wird die Stadt Anliegerin an der Stromelbe auf eine längere Strecke, was für künftige städtebauliche Planungen sehr zu begrüßen ist."[30]

Die Erfordernisse der Industrie und der Hafenanlagen machten es während des Krieges unumgänglich, die Ausdehnung des städtischen Terrains im Norden weiterzuführen. 1942 gab es eine Übereinkunft mit dem Landrat des Kreises Wolmirstedt sowie der Stadt Wolmirstedt und den Gemeinden Barleben und Glindenberg über einen Landverkauf an Magdeburg.[31] Auch Rothenseer Bauern zeigten sich zur Abgabe von Grund und Boden bereit.

Metropole mit „lichter" Zukunft. Magdeburg 1933 – 1945

Siedlungs- und Wohnungsbau

Katastrophales Wohnen in der Altstadt

1933 fehlten in Magdeburg 4.700 Wohnungen. Der nun einsetzende NS-Siedlungs- und Wohnungsbau beschränkte sich im Wesentlichen auf den Zeitraum bis zum Ausbruch des Krieges, vor allem auf die Jahre 1935 bis 1939. Dabei knüpfte man zunächst an Festlegungen des Magistrats der Weimarer Zeit hinsichtlich der Errichtung von Notunterkünften und von einfachen Siedlungshäusern für Erwerbslose und Kinderreiche an. So wurden mittels Arbeitsbeschaffungsmaßnahmen unter Inanspruchnahme von Staatsdarlehen die Siedlungen am Milchweg und Eichenweiler erweitert, die Selbsthilfesiedlung an der Ballenstedter Straße vollendet. Ansonsten hielt sich das Bauen in engen Grenzen. Ein Runderlass der Preußischen Regierung verfügte Mitte 1933, dass „für Städte über 200.000 Einwohner in der Regel nur noch Kurzarbeitersiedlungen Berücksichtigung finden".[32] Neben einer Siedlung für Mitglieder des Stahlhelms (30 Stellen) sollten 170 Häuschen für Arbeiter errichtet werden. Voraussetzung für deren Vergabe war, dass die Betreffenden sich bereit fanden, im Betrieb kurzzuarbeiten und Lohneinbußen hinzunehmen, um so mehr Erwerbslosen eine Beschäftigung vermitteln zu können. Da die Stadtverwaltung über keine finanziellen Mittel verfügte, wurde mit Industriewerken (Polte, Krupp-Gruson, Maschinenfabrik Buckau Wolf) verhandelt, die Kosten für das Baugeschehen zu übernehmen. Die Unternehmen erklärten sich einverstanden, hatten jedoch Bedenken, „dass die Arbeiterschaft bereit sein wird, freiwillig Kurzarbeit

Hof-„Idylle"

zu leisten, wenn damit die Anwartschaft auf eine Siedlerstelle erworben werden soll".³³ Anfang 1934 beantragte das Krupp-Gruson-Werk, die Siedlung östlich der Gartenstadt Hopfengarten um 20 Häuser erweitern zu können.

In den ersten beiden Jahren der NS-Diktatur beschränkten sich die Aktivitäten der Stadtverwaltung hinsichtlich des Wohnungsbaus in erster Linie auf die Anfertigung von Entwürfen. So wurden beispielsweise Bebauungspläne für das Gebiet zwischen Große Diesdorfer Straße, Sedanring, Poltestraße und Enckestraße sowie für das Terrain zwischen Olvenstedter Straße und der Harsdorfer Straße bis zum Marienstift aufgestellt.³⁴ Im März 1934 teilte Verwaltungsrat Bucksch mit, „dass auch die Stadt Magdeburg zur Beseitigung der Arbeitslosigkeit ein Wohnungsbauprogramm, wenn auch im bescheidenen Maße, zur Durchführung bringen wolle."³⁵ Die Gauleitung der NSDAP schrieb an die Reichsleitung, der große Wohnungsmangel erzeuge in der Stadt „viel Missstimmung in den Reihen der ärmeren Bevölkerung [...]"³⁶ Der Staat war jedoch nur bereit, den Bau einer begrenzten Zahl von Notwohnungen mit einem Darlehen von je 1.000 RM zu unterstützen.

Seit Mitte der 30er Jahre setzte der Siedlungs- und Wohnungsbau in größerem Umfange ein. Stadtbaurat Götsch favorisierte die vorstädtische Kleinsiedlung, die sich seiner Meinung nach von den in der

Metropole mit „lichter" Zukunft. Magdeburg 1933 – 1945

Neubauten in der Neustadt, „Am Gutshof"

Weimarer Zeit entstandenen Häusern unterschied. Das vor allem in der Dachkonstruktion. Im Kreise der Ratsherren wurde der Standpunkt vertreten, „anstelle der undeutsch wirkenden Flachbauten die architektonisch und ästhetisch schöneren Steildächer zu bevorzugen."[37] Neben den Vorstadtsiedlungen erfuhr der Bau von Kleinwohnungen eine verstärkte Förderung. Dazu wurde den Wohnungsbaugenossenschaften städtisches Land im Erbzinsrecht gegeben. So übertrug die Verwaltung dem Verein für Kleinwohnungswesen ein zusätzliches Bauprogramm (500 Kleinwohnungen) für Arbeitskräfte der neu angesiedelten Industrien. Ein wichtiges Baugebiet entstand in der Banckstraße. In den ersten drei Jahren der NS-Zeit waren in Magdeburg 1.440 Wohnungen (einschließlich Siedlungshäuser), davon 1.320 Kleinwohnungen errichtet worden.[38]

1936 begannen Jahre eines intensiven Wohnungsbaus in der Elbestadt. In der Provinz Sachsen sollte das Baugeschehen auf Magdeburg und Dessau konzentriert werden.[39] Oberbürgermeister Markmann bezeichnete die für 1936 geplanten Vorhaben als „die größten baulichen Maßnahmen seit einhundert Jahren".[40] Es waren 3.400 Wohnungen, 1937 3.500 Wohnungen und 1938 3.600 Wohnungen vorgesehen. Schon an dieser Stelle muss gesagt werden, dass in keinem Jahr die angekündigten Neubauten auch nur annähernd entstanden. Die Pläne und deren Umsetzung klafften immer deutlicher auseinander.

Metropole mit "lichter" Zukunft. Magdeburg 1933 – 1945

Häuserfront in der Walbecker Straße

In einem Papier der Stadtverwaltung ist zu lesen: „Infolge der sich immer mehr bemerkbar machenden Materialknappheit (Holz und Eisen) und des Mangels an Bauhandwerkern wird es nicht möglich, dass das geplante Programm zur Durchführung gebracht wird."[41] Diese Kalamität verschärfte sich von Jahr zu Jahr. So wurden 1936 lediglich 1.686 Wohnungen errichtet. Entsprechend eines Berichtes über das folgende Jahr waren 2.460 Wohnungen begonnen worden, „wovon eine kleine Zahl fertig gestellt ist."[42]

Die Probleme hielten im Jahre 1938 an. Nach einer Sitzung der Beiräte für Wohnungsangelegenheiten im März wurde zu dem Planvorhaben festgehalten: „Gegen eine Durchführung, soweit diese überhaupt möglich ist, wurden von den Beiräten Bedenken nicht erhoben."[43] Im Einzelnen war die Errichtung des folgenden Wohnraumes vorgesehen. 900 Volkswohnungen (Leipziger Chaussee, Robert-Koch-Straße, Schwerin-Krosigk-Damm, Forsthausstraße, Eggersdrofer Straße, Helmholtzstraße, Gartenstadt Reform), 600 Kleinsiedlungen (Leipziger Chaussee, Forsthausstraße, Milchweg), 50 Billigstwohnungen (städtisches Gelände in Neustadt und Rothensee), 2.050 Arbeiter- und Angestelltenwohnungen für Industrie, Wirtschaft, Wehrmacht sowie Eigenheime (u. a. in Große Diesdorfer Straße, Rothenseer Straße, Wilhelm-Kobelt-Straße, Lessingstraße, Blankenburger Straße, Leipziger Chaussee, Eggersdorfer Straße,

NS-"Kunst" – Wandmalereien in Treppenhäusern der Kaiser-Friedrich-Straße und der Goethestraße

Felgelebener Straße, Holsteiner Straße). Geplant war im Wesentlichen der Bau durch die Genossenschaften, angeführt von der Mitteldeutschen Heimstätte (660 Wohnungen und Siedlungshäuser), dem Verein für Kleinwohungswesen (650) und der Gagfah (550).[44]

Wenn auch die gestellten Ziele nicht erreicht worden waren, so entstanden dennoch im Zeitraum von 1936 bis 1939 beachtlich viele Wohnungen. Ihre Anzahl lässt sich nicht exakt ermitteln, da sich das jeweilige Baugeschehen mit den nun erst fertig gestellten Häusern aus dem Vorjahr überlappte. So hieß es 1939, es seien 1.752 Wohnungen gebaut worden, von denen die meisten schon im Jahr zuvor begonnen worden waren.[45] Trotz aller Teilerfolge gab es in der Wohnraumsituation keine Entspannung. Zuströmende Arbeitskräfte mit ihren Familien sowie einheimische Bürger benötigten dringend Wohnraum. 1938 bemühten sich allein 2.210 Untermieter und 673 Brautpaare um eine Wohnung. Eine Bestandsaufnahme ergab 700 Behausungen, die aus einem Raum bestanden. Dazu kamen die „Pesthöhlen" in der Innenstadt. Dort sollten dringend 517 Gebäude abgebrochen werden. 3.500 Familien lebten in Wohnlauben, von denen die meisten bis 1940 für den Abriss vorgesehen waren. Anfang 1939 wurde der fehlende Wohnraum mit 6.100 beziffert.[46]

Im Jahr 1939 sollten 3.400 Wohnungen entstehen. Jedoch war man sich in der Stadtverwaltung im Klaren, dass die Zielsetzung nicht zu erreichen war, „weil im Interesse des Reiches die hierfür verfügbaren Mittel gegenüber dem Vorjahre erheblich herabgesetzt werden mussten".[47] Der Gauamtsleiter der NSDAP von Kalben mutmaßte: „Jedes Wohnungsbauprogramm steht heute mehr denn je auf dem Papier, solange die Rohstoff-Fragen nicht geklärt sind."[48] Da die Stadt immer mehr Kommunaleinnahmen an den Staat abzuführen hatte, musste selbst der Bau von „Billigstwohnungen" eingeschränkt werden.
Alle noch verfügbaren Mittel waren auf Wohnungen für die Arbeitskräfte der Rüstungsindustrie konzentriert. Bereits 1936 hatte die Stadt dafür die Weichen gestellt. Es gab mehrere Besprechungen betreffs „Wohnungsbeschaffung für Gefolgschaftsmitglieder reichswichtiger Betriebe der Luftfahrt."[49] So war vorgesehen, für die Werkzeugmaschinenfabrik, die 2.000 Arbeitskräfte einstellen sollte, zunächst 300 Wohnungen zu bauen.[50] Die Teilnehmer an den Beratungen waren sich einig, „dass es kaum mehr möglich ist, den Zuzug der Arbeitermassen in die Großstadt und die dadurch bedingte Vergrößerung der Baugebiete zu verhindern, nachdem in diese Industriestadt weitere große Werke hereingelegt (Werkzeugmaschinenfabrik Magdeburg, Brabag) oder bestehende vergrößert wurden (die mitten im Baugebiet gelegene Patronenfabrik Polte hat die Zahl ihrer Arbeitskräfte im letzten Jahr von 2.000 auf 12.000 erhöht)."[51]
Schwerpunkt des Baugeschehens für die Rüstungsindustrie bildete 1936 und 1937 das Magdeburger

Junkerswerk (zu dem auch die Werkzeugmaschinenfabrik gehörte). Am Klusweg entstand die Junkerssiedlung. Auf einer Besprechung im März 1937 wurde festgelegt, in drei Etappen 1.000 Wohnungen für die Flugzeugmotorenbauer zu errichten.[52] Anfang 1938 plante das Werk der Braunkohle-Benzin AG (Brabag) eine größere Siedlung zwischen Rothensee und dem Verschiebebahnhof. Bereits Mitte Juli wurden die ersten Häuser bezogen. Die Erweiterung der Brabagsiedlung wurde bis 1941 fortgesetzt.[53] Am Pechauer Platz erhielt ein Architekt den Zuschlag, Wohnungen für Soldatenfamilien der Flakkaserne zu bauen.[54]

Bereits im Herbst 1938 musste der Wohnungsbau aus personellen, finanziellen und materiellen Gründen gedrosselt werden. Die noch genehmigten Bauvorhaben beschränkten sich auf Wohnraum der Beschäftigten in den oben angeführten Unternehmen und auf eine begrenzte Zahl von Billigstwohnungen. Anfang 1940 war das Ende des Wohnungsbaus gekommen. Im Vorbericht über die Haushaltssatzung für das anstehende Rechnungsjahr hieß es: „Die mit der Reichsverteidigung zusammenhängenden Aufgaben gehen allen anderen Arbeiten vor; letztere sind nach Maßgabe der verbleibenden Mittel und der vorhandenen Kräfte fortzuführen." Die Stadt stellte einen Kriegshaushaltsplan auf. Die Ausgabenseite musste „auf das Äußerste eingeschränkt werden […] Es bleibt daher zum Ausgleich nur die Ausgabenkürzung."[55] Wenig später wurde eine „totale Bausperre" verfügt.[56] Den zukünftigen Wohnungsbau übernahm der Reichsorganisationsleiter Dr. Ley als Kommissar für den sozialen Wohnungsbau.[57] Die Wohnraumfrage hatte sich fortan auf die Anfertigung von Plänen für das Baugeschehen nach dem Krieg zu konzentrieren.[58]

Bild oben:
Siedlungshäuser am Holzweg

Bild unten:
Wohnungsbau der Heimag in der Wilhelmstadt

Metropole mit „lichter" Zukunft. Magdeburg 1933 – 1945

Nicht verwirklichte Projekte einer besseren Schifffahrt

Schiffsverkehr auf der Elbe – Blick von der Strombrücke

Die Elbschifffahrt stieß im Magdeburger Gebiet auf mehrere Schwierigkeiten, ja sie musste bei niedrigem Wasserstand nahezu eingestellt werden. Das schlimmste Hindernis bildeten mehrere Untiefen (Felsrippen am Dom, an der Strombrücke und am Herrenkrug), ganz zu schweigen von den Pfeilern der Strombrücke, die vor allem Schleppzüge auf eine harte Probe stellten.

Die mit dem Anschluss des Mittellandkanals zu erwartende starke Zunahme des Schiffsverkehrs und von Kähnen mit größerer Ladefähigkeit (1.000 t) verlangten den generellen Ausbau des Flusses, vor allem im Magdeburger Raum. Dazu wurden mehrere Möglichkeiten erörtert. Anfang der 30er Jahre griff die Reichswasserstraßenverwaltung den Plan eines Umgehungskanals wieder auf, der vorsah, „die bereits im Stadtgebiet vorhandenen Strom- und Schifffahrtsläufe (Strom- und Alte Elbe) in Zukunft für die durchgehende Schiffahrt so gut wie auszuschalten und dafür eine neue Schiffahrtsstraße durch das östliche Stadtgebiet zu legen."[59] Magdeburg machte gegen diese Vorstellungen Front, zumal am innerstädtischen Raum der Stromelbe eine Reihe von Handelsunternehmen ihre Niederlassungen hatten. Die Stadtverwaltung erklärte, sie würde das Projekt nur gutheißen, wenn nach gründlicher und fachmännischer Prüfung „die vorhandenen Wasserläufe für diesen Zweck nicht in geeigneter Weise ausgebaut und reguliert werden können."[60]

Metropole mit „lichter" Zukunft. Magdeburg 1933 – 1945

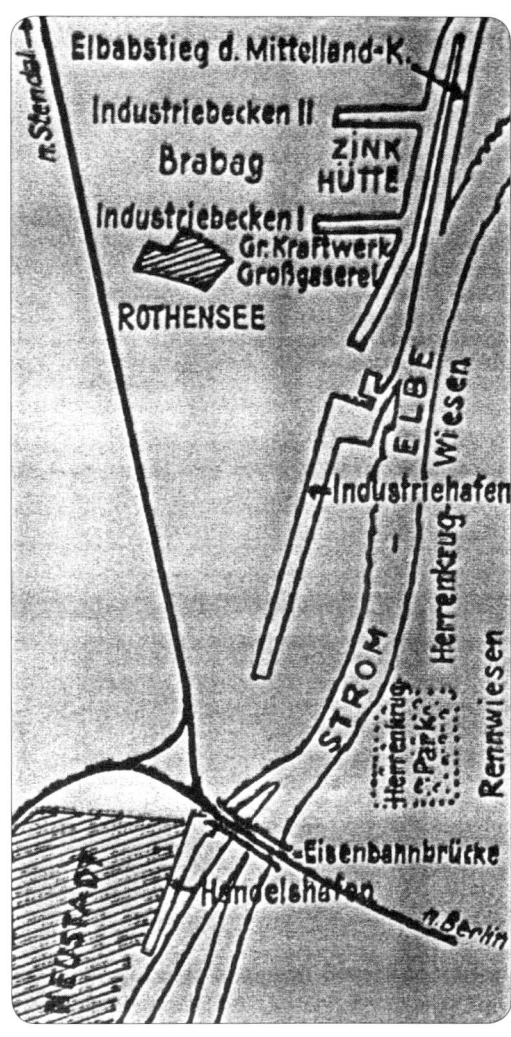

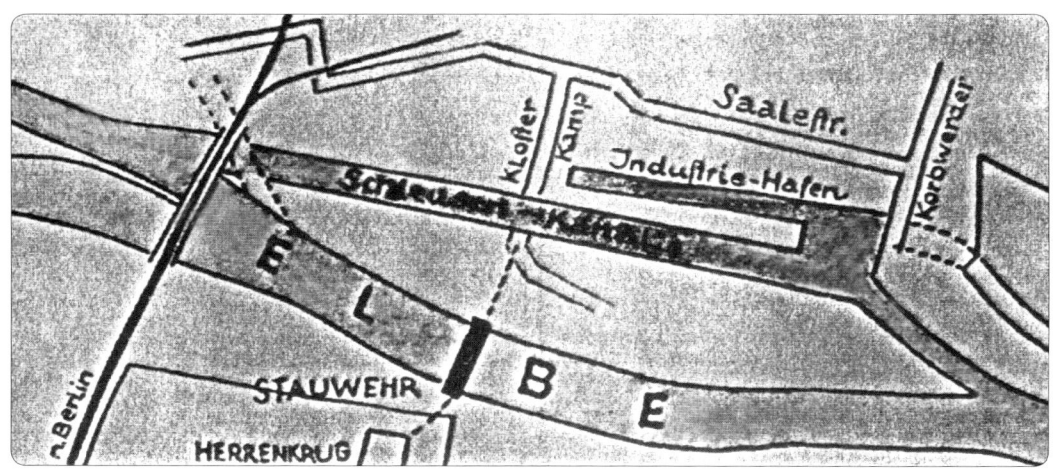

Bild oben links:
NS-Plakat von 1936

Bild oben rechts:
Aufsicht auf Elbe, Industriehafen sowie Industrieansiedlungen

Bild unten:
Skizze der geplanten Staustufe und des Seitenkanals

Metropole mit „lichter" Zukunft. Magdeburg 1933 – 1945

Elbstrom bei Magdeburg

Man erreichte schließlich den Verzicht auf einen Kanal östlich von Prester und Cracau.

Nachdem auch der Ausbau der Alten Elbe verworfen worden war, rückte die so genannte Kanalisierung der Stromelbe in den Mittelpunkt der Überlegungen. Neben einer Vertiefung des Flussbettes war eine Staustufe vorgesehen. Nördlich des Herrenkrugparks sollte ein bewegliches Wehr mit zwei Öffnungen von je 70 m Lichtweite entstehen, die bei niedrigem Pegelstand geschlossen werden konnten, um den Fluss anzustauen. Ein auf dem linken Elbufer geplanter Seitenkanal mit einer doppelten Schleppzugschleuse, für die als Zufahrt an der Oberstrom- und Unterstromseite entsprechende Vorhäfen von je einem Kilometer Länge geplant waren, sollte den Schiffsverkehr bei geschlossenem Wehr gewährleisten.[61]

Für den Bau der Schleppzugschleuse einschließlich der Vorhäfen sowie des Wehres waren vier Jahre vorgesehen. Während in der unmittelbaren Vorkriegszeit mit dem Seitenkanal begonnen wurde, befand sich das Wehr noch in der Projektierungsphase. Die im Interesse der Rüstung erfolgte Sperre der Eisen- und Stahlkontingente für zivile Zwecke und der Mangel an Arbeitskräften setzten den Aufstauplänen für die Elbe ein baldiges Ende.

Metropole mit „lichter" Zukunft. Magdeburg 1933 – 1945

Neue Strombrücke, Ost-West-Durchbruch, Gestaltung des westlichen Elbufers

Schiffsunglück vor der Strombrücke, hinten links im Bild Vorarbeiten für das Fundament der neuen Strombrücke

Der Ausbau der Elbe im Stadtgebiet und der bevorstehende Anschluss des Mittellandkanals machten den Ersatz der Strombrücke durch eine moderne Fußüberquerung erforderlich. Schwere Unfälle in der Vergangenheit, wobei auch Schiffe vor den Brückenpfeilern quer lagen und zu zerschellen drohten, ja die Brücke selbst in Gefahr geriet, mahnten bei der zunehmenden Anzahl von Schiffen, vor allem auch der größeren Kähne, eine Änderung des bisherigen Zustandes an. Dazu kam, dass mit einer neuen Strombrücke dem städtischen Verkehr in Richtung Osten bessere Bedingungen geschaffen werden sollten.

Mitte der 30er Jahre wurde der Brückenbau ein wichtiges Thema der Kommunalpolitik. Dabei ging es um die Finanzierung und um die Linienführung. Klar war, dass wegen der Aufrechterhaltung des Verkehrs und den ungünstigen Bedingungen des Johannisberges ein Neubau an der bisherigen Stelle nicht in Frage kam. Über den Standort der Brücke gingen die Meinungen im Rathaus weit auseinander. Sowohl ein so genannter Nordbrückenzug (nördlich der bisherigen Strombrücke) als auch eine Südbrücke fanden Befürworter und Gegner. Die einen wollten das Zitadellengelände nicht zerschneiden, sondern für zukünftige Repräsentativbauten der Stadt erhalten (Gegner des Südbrückenzuges), die anderen lehnten den Abriss des Neuen Packhofes (Gegner des Nordbrückenzuges) ab.[62] An einem Gipsmodell der Stadt wurden die Vor- und Nachteile beider

Metropole mit "lichter" Zukunft. Magdeburg 1933 – 1945

Schiffsunglück vor der Strombrücke

Varianten ausgelotet. Problematisch blieb hier wie dort der Anschluss an das Straßennetz des Stadtgebietes. Nachdem sogar Hitler zum Brückenbau und zum Ost-West-Durchbruch konsultiert worden war und das Reichsinnenministerium sich eingemischt hatte[63], fiel im Mai 1937 die Entscheidung für den Südbrückenzug.[64]

Infolge der Ausschreibung der Brückenkonstruktion reichten namhafte Firmen 13 Entwürfe ein. Dieselben wurden im März 1938 von den städtischen Gremien begutachtet und drei ausgewählt. Bei der endgültigen Entscheidung musste das begrenzt zur Verfügung stehende Eisenkontingent beachtet werden. Schließlich erhielt die Firma Beuchelt & Co Berlin den Zuschlag. „Es wurde eine schlichte Bogenbrücke gewählt, die am besten in das Stadtbild hineinpasst."[65] Die Fundamente (Massivbauten) sollten bis April, die Montage des eisernen Überbaus bis Ende 1939 fertig sein.

Voraussetzung für den Brückenbau war die Klärung des Anschlusses an das altstädtische Straßennetz und die Schaffung besserer Verkehrsbedingungen über die Zoll- und Alte Elbe sowie durch die Friedrichstadt. In einem Dokument der Stadtverwaltung wurde im März 1937 die Orientierung gegeben. Es hieß: „Der Neubau muss so gelegt werden, dass bei den unzureichenden Breitenabmessungen und schlechter Führung der jetzigen Zugangsstraßen

Metropole mit „lichter" Zukunft. Magdeburg 1933 – 1945

gleichzeitig ein verkehrstechnisch einwandfreier und städtebaulich dringend notwendiger Straßendurchbruch in ost-westlicher Richtung geschaffen wird."[66] So sollte sich der künftige Gesamtausbau der neuen Ost-West-Magistrale von der östlichen Ausfallstraße bei der Gaststätte „Stadt Loburg" (Reichspräsidentenstraße) über die verbreiterte Lange Brücke, die ebenfalls modernisierte Zollbrücke bis zum Neubau der Strombrücke erstrecken. Westlich der Elbe war ein Durchbruch durch die Altstadt bis zur Otto-von-Guericke-Straße und der verbreiterten Unterführung unter den Eisenbahnbrücken in der Kölner Straße vorgesehen. Nachdem die Stadt das Enteignungsrecht für den Geländeerwerb erhalten hatte, sollte der Durchbruch zunächst bis zur Hartstraße erfolgen und von dort ein Anschluss zum Alten Markt hergestellt werden.[67] In der Begründung der Stadtverwaltung hieß es: Mit dem Durchbruch „wird in ein Wohnviertel eine Bresche geschlagen, das den heutigen Ansprüchen an gesundes Wohnen seit langem nicht mehr entspricht."[68]

Das Projekt „Ost-West-Durchbruch" erfuhr laufend Veränderungen. In Übereinstimmung mit den zuständigen Reichsstellen wurde 1938 eine Ausdehnung der ursprünglichen Planung ins Auge gefasst. Um eine großzügige bauliche Gestaltung zu erreichen, war die wesentliche Verbreiterung des Durchbruchgebietes vorgesehen. So sollten die Durchbruchstraße von 26 auf 34 m, die Brücke von 22 auf 24 m verbreitert werden. Der Durchbruch war nun „in einem Zuge bis zum Breiten Weg" geplant.[69] Für die ostelbische Weiterführung der neuen Verkehrsstraße wurde festgestellt, „dass ohne den Neubau der Zollbrücke und der Langen Brücke in zeitgemäßer Konstruktion und gediegenem Material nicht auszukommen sei, da alle Zwischenlösungen außerordentliche Schwierigkeiten nach sich ziehen."[70]

Die Umsetzung der Planungen scheiterte letztlich an der Kriegsvorbereitung. So mussten die 1938 angestellten Kostenschätzungen überarbeitet werden, da der Staat es ablehnte, sich finanziell zu beteiligen. Nachdem das für den Durchbruch erforderliche Gelände (teilweise durch Zwangsenteignung) beschafft worden war, wurden nach dem Abriss der ersten Häuser am Fürstenufer bis zur Großen Junkerstraße die Arbeiten eingestellt. Lediglich an den Pfeilern für den Neubau der Brücke blieb man tätig.[71] 1941 erfolgte die Anlieferung der Eisenteile der Brücke, die auf dem Zitadellengelände gelagert wurden. Ende des Jahres informierte die Stadtverwaltung, dass der Strombrückenbau eingestellt werden musste, „da eine Einstufung des Bauvorhabens in eine Dringlichkeitsstufe nicht zu erreichen war. Lediglich die unter dem Brückenzuge projektierten bombensicheren Luftschutzbauten wurden weitergeführt."[72]

Gleichzeitig mit der neuen Strombrücke und dem Ost-West-Durchbruch wurde die Umgestaltung des stadtseitigen Elbufers in Angriff genommen. In einem Dokument der Stadtverwaltung steht, „dass der Über-

Bild oben: Vorbereitung des Pfeilerbaus am westlichen Elbufer

Bild unten: Ost-West-Durchbruch in den Häuserfronten der Altstadt

Metropole mit „lichter" Zukunft. Magdeburg 1933 – 1945

„Kranstrang" am westlichen Elbufer

gang vom eigentlichen Strom zur Stadt, soweit die näheren und weiteren Uferanlagen in Betracht kommen, große ungelöste Fragen aufweist." Magdeburg sei auf Grund des Festungscharakters vom Strom abgeschnürt, „anstatt ihn als unmittelbar zugehörig ihrem Organismus eingliedern zu können." An dem Elbufer wolle man einerseits eine Nord-Süd-Trasse zur Entlastung des innerstädtischen Verkehrs anlegen und andererseits „der Bevölkerung die Uferfreiheit" verschaffen.[73] Größtes Hindernis für das Erreichen dieser Ziele war die seit Jahrzehnten angestrebte, aber nicht zustande gekommene Verständigung mit der Reichsbahn. Grund und Boden des Elbufers befanden sich zum großen Teil im Besitz der Bahn, die vor allem das Terrain nördlich des Elbbahnhofes zum Warenumschlag mit der Schifffahrt nutzte. Nach langen Verhandlungen kam es 1938 zu einem Vertrag. Die Bahn übereignete der Stadt das Ufergelände mit Ausnahme eines fünf Meter breiten Geländestreifens für ein durchgehendes Verbindungsgleis. Dazu stellte das Rathaus von der Strombrücke bis zum Petriförder Grund und Boden für den Gleisstrang zur Verfügung. Das Gleis zwischen den Verschiebebahnhöfen Buckau und Rothensee durfte täglich von drei planmäßigen Zugpaaren genutzt werden. Die Bahn verpflichtete sich, die Umschlagsstrecke („Kranstrang") zwischen Domfelsen und Strombrücke aufzugeben.[74] Im Jahre des Kriegsausbruches stellte die Stadtverwaltung fest: „Auf der Strecke zwischen der neuen Strombrücke und dem Elbebahnhof ist das Gelände soweit geräumt, dass mit dem Ausbau der Uferstrecke begonnen werden kann. Zur Abgrenzung der Uferpromenade gegen die Elbe muss auf der vorhandenen Ufermauer eine massive Brüstung hergestellt werden, zu der aus beim Abbruch der Ufermauern an der [geplanten, *M.W.*] Strombrücke gewonnenes Material verwendet werden soll."[75] Auch die Pläne für die Elbufergestaltung blieben infolge des Kriegsbeginns in der Schublade.

Metropole mit „lichter" Zukunft. Magdeburg 1933 – 1945

Ausbau des Hafengeländes und Inbetriebnahme des Schiffshebewerkes

Handelshafen

Die infolge der Entwicklung von Industrie und Handel bald unzulänglichen Möglichkeiten des Güterumschlags an der Stromelbe (Magistratsstrecke, Elbbahngelände, die Strecke am Packhof nördlich der Strombrücke) und an der Zollelbe sowie die an den genannten Standorten fehlenden Möglichkeiten der Ansiedlung weiterer Industrie- und Handelsunternehmen bewogen Ende des 19. Jahrhunderts den Magistrat, die selbständige Stadt Neustadt einzuverleiben und die Rechte am Bau eines Hafens auf dem Neustädter Kämmereiwerder zu übernehmen.[76] 1893 wurde der Handelshafen, an dem sich bald Unternehmen ansiedelten, der Bestimmung übergeben. Im Jahre 1906 beschlossen die städtischen Körperschaften, für die Niederlassung von Betrieben Land der Gemeinde Rothensee in Besitz zu bringen. Die Stadt erwarb hochwasserfreies Terrain, das zwischen 1908 und 1911 weitgehend erschlossen wurde. Herzstück des neuen Areals bildete der Industriehafen. Von den zwei geplanten Hafenbecken wurde das östliche 1911 eingeweiht. An seinem Nordende entstand, weitgehend vom Staat Preußen finanziert, ein Winterschutzhafen für 100 Schiffe.

Der nach dem Ersten Weltkrieg betriebene Ausbau des Hafengeländes (Handels- und Industriehafen 15 ha Wasserfläche und 5.300 m Kaimauer) hielt sich zunächst in Grenzen. Am Industriehafen standen lediglich einige Petroleumtanks, außerdem war, wie es in einer Publikation sarkastisch hieß, „sonst

Metropole mit „lichter" Zukunft. Magdeburg 1933 – 1945

Blick auf die Großgaserei und das Kraftwerk

nur Stille über dem Land und über den Wassern".⁷⁷ Nachdem mit dem Staatsvertrag vom Juli 1926 der Bau des Mittellandkanals bis zur Elbe eine rechtliche Grundlage erhalten hatte, stand Magdeburg in der Pflicht, den Ausbau des Hafengeländes, vor allem die Anlage großer Hafenbecken in der Nähe des geplanten Elbabstiegkanals (Verbindung des Mittellandkanals mit der Elbe) voranzutreiben. Die Magdeburger Stadtväter der Weimarer Zeit begriffen die Hafenerweiterung und die Schaffung des Industriegebietes Rothensee von Anfang an als eine Einheit. Die Verwirklichung beider Projekte bildete für sie eine „Lebensfrage der Stadt".⁷⁸ Die ersten Großunternehmen, die sich hier ansiedelten, waren die Großgaserei und das Großkraftwerk. Die Stadt hatte die Errichtung beider Werke mit Darlehen von 4,5 Millionen RM gefördert.

Mit dem Beginn der NS-Zeit wurde das Industrieprojekt Rothensee weiter forciert. Dabei spielten sowohl wirtschaftliche als auch militärstrategische Aspekte (die Annahme, dass das Industrie- und Handelszentrum in der Mitte Deutschlands in einem kommenden Krieg militärisch weniger gefährdet sei) eine Rolle. In einer zeitgenössischen Schrift hieß es: „Wenn auch die Bedrohung durch Luftschiffe oder Flugzeuge keine Grenzen kennt, so wird doch die Lage im Herzen Deutschlands die erste Gefahr abwenden können. Gerade diese Erwägungen werden gewiss zu einer stärkeren Konzentration der deutschen Industrie im Innern des Reiches führen und damit auch der Stadt

Metropole mit "lichter" Zukunft. Magdeburg 1933 – 1945

Baustelle Schiffshebewerk

neuen Wirtschaftsimpuls geben."⁷⁹ Von 1933 bis in die Kriegszeit wurde das Hafen- und Industrieterrain ständig erweitert, da, wie es in einem Schriftstück hieß, „die Nachfrage nach baureifem Industriegelände z. Zt. steigt und geeignete Grundstücke nur im beschränkten Maße vorhanden sind […]"⁸⁰ Wenn sich Grundbesitzer weigerten, ihr Land abzugeben, ordnete ein Enteignungskommissar den Zwangsverkauf an.⁸¹

Im Interesse einer einheitlichen Hafenbewirtschaftung verpachtete die Stadt 1934 den Handels- und Industriehafen an die Mittellandkanal-Hafen Magdeburg A.G. Der Pächter übernahm die Leitung des Hafenbetriebes, den Ausbau des Areals sowie den Erhalt und die Erneuerung der dortigen Verkehrseinrichtungen.⁸² Um den Handels- und Schifffahrtsunternehmen die Umsiedlung vom linken Ufer der Stromelbe und vom Werder in das Hafengebiet zu ermöglichen, wurde begonnen, das Terrain zwischen dem Handelshafen und der Elbe aufzuschließen. So siedelten 1938 die Tschechoslowakische Elbschifffahrt A.G. und die Schlesische Dampfer-Compagnie/Berliner Lloyd von der Zollelbe in das Hafengebiet um.

Der vom NS-Regime beschlossene Vierjahresplan (1936 – 40) sah unter anderem für Magdeburg den weiteren zügigen Ausbau des Hafens und die verstärkte Ansiedlung von Unternehmen vor. Da die Regierung daran interessiert war, „dass

Metropole mit „lichter" Zukunft. Magdeburg 1933 – 1945

Schiffshebewerk

Magdeburg eine größere Aufnahmekapazität für Getreide besitzt", wurde der Bau mehrerer Silos gefördert.[83] So übernahm die Mittellandkanal-Hafen Magdeburg A.G. 1936 Grund und Boden im Erbbaurecht für die Errichtung eines Silos. Bis in die Kriegsjahre erwarben bedeutende Firmen – so 1939 die Deutsche Silogesellschaft Berlin und 1942 ein Hamburger Unternehmen – Land zum Bau von Getreidespeichern. Die Zahl von Unternehmen, die im Industriegelände Niederlassungen anstrebten, nahm ständig zu. An erster Stelle sind die Zinkhütte Giesches Erben und die Brabag zu nennen, zu denen im Abschnitt über die Industrie mehr gesagt werden wird. Um Terrain für Firmenansiedlungen und für die Anlage von Straßen und Eisenbahngleisen zu gewinnen, wurden der Landerwerb im Norden ständig weitergeführt sowie die Niederungen westlich der Saalestraße und der Trennungsdamm zwischen dem Zweigkanal und dem Elbabstieg des Mittellandkanals aufgeschüttet. In Rothensee begann man, „die alten Ortsstraßen hinsichtlich ihrer Breiten usw. den steigenden Anforderungen des Verkehrs anzupassen […]"[84]

Entscheidende Bedeutung für die Hafenentwicklung und den Ausbau der Elbe hatte der Mittellandkanal. Die von dem größten deutschen Binnenhafen Duisburg-Ruhrort über Münster, Osnabrück, Hannover, Minden führende Wasserstraße war 1934 bis Braunschweig in Betrieb genommen worden und sollte in den folgenden Jahren ungefähr 12 km nördlich von Magdeburg an die Elbe herangeführt werden. Mit dem Kanal rückte die Stadt in das Zentrum des deutschen Wasserstraßennetzes. Eine Publikation brachte die Erwartungshaltung folgendermaßen zum Ausdruck: „Ein Magdeburg als Schnittpunkt wichtiger Eisenbahnlinien, zweier neuer Autobahnen, zweier großer Wasserstraßen, die jede in unmittelbarer Verbindung mit den bedeutendsten Wirtschaftsgebieten Deutschlands stehen, ist gewiss ein Plus für das deutsche Wirtschaftsleben schlechthin; denn erst so wird der vorteilhaften geopolitischen Lage Magdeburgs der nötige Spielraum zur Entfaltung gegeben."[85]

Mitte der 30er Jahre war klar, dass die neue Wasserstraße spätestens Anfang 1938 die Elbe erreichen würde. Um den Höhenunterschied zwischen Kanal und Fluss von durchschnittlich 15 m überwinden zu können, wurde das so genannte Schiffshebewerk – eine technische Meisterleistung – gebaut. Ein stählerner Trog (85 m lang, 12,2 m breit, 2,5 m tief; zusammen mit dem in ihm stehenden Wasser 5.200 t Gewicht), der an vier 27 m langen Stahlspindeln gehoben bzw. gesenkt werden kann, ist in der Lage, 1.000 t-Schiffe zu befördern.[86] Die Verbindung zwischen dem Hebewerk und der Elbe wurde durch die Anlage des so genannten Elbabstieg des Mittellandkanals hergestellt. Um den Kanal in Richtung Berlin weiterzuführen, entstanden am westelbischen Ufer bereits die Fundamente und Pfeiler, die in einer Stahlwanne die Überquerung des Flusses möglich machen sollten. Rüstung und Krieg setzten auch hier ein Stopp.

Unter den lokalen Nazis, allen voran Oberbürgermeister Markmann und Kreisleiter Krause, sowie der NS-Anhängerschaft wuchs seit Anfang 1938 die Erwartung, Hitler würde die Einweihung des Schiffshebewerkes vornehmen. Die Mutmaßungen im Rathaus, ob der Führer mit dem Auto oder der Eisenbahn kommen werde, waren geteilt. Für die Ausschmückung der Stadt stellte man 150.000 RM bereit. Nervosität machte sich breit, als der von der NS-Führung vorgegebene Einweihungstermin (16.10.) ohne Hitlers Erscheinen verstrich. Am Monatsende nahm schließlich sein Stellvertreter Rudolf Hess die Einweihung in einem Staatsakt vor.[87]

Die Herstellung der Verbindung zwischen Mittellandkanal und Elbe gab dem Ausbau und der Erweiterung des Hafengebietes wichtige Impulse. Parallel zum Elbabstieg des Mittellandkanals wurde ein Zweigkanal mit Hafenbecken (Mittellandkanalhafen) als Ankerplatz für Schiffe und Terrain für Industrieansiedlungen gebaut. Der Anschluss des Mittellandkanals, die zukunftsweisenden Hafenanlagen, der Ausbau der Elbe sowie die Möglichkeit, 1.000 t-Schiffe löschen und beladen zu können, ließen die jährlichen Umschlagsziffern beachtlich anwachsen. So stieg die Warenbewegung von 1933 bis 1943 auf das Achtfache.[88]

Alteingesessene Unternehmen und neue Industrieansiedlungen

Blick auf das Krupp-Gruson-Werk

In den letzten Jahrzehnten des 19. Jahrhunderts hatte sich, begünstigt durch die geographische Lage am Schnittpunkt von Elbe und Eisenbahn, der Magdeburger Maschinen- und Armaturenbau stürmisch entwickelt. Durch den Ankauf und die Angliederung kleiner und mittelgroßer Betriebe sowie durch die Erweiterung der Werksanlagen entstanden schließlich im Maschinenbau zwei herausragende Großbetriebe, die Unternehmen Krupp-Gruson und Buckau R. Wolf.[89] Auch erlangte die Armaturenherstellung bei Polte und Schäffer & Budenberg große Bedeutung, ja Weltgeltung.[90] Bereits vor und während des Ersten Weltkrieges arbeiteten die oben genannten Firmen neben ihrer traditionellen Produktionspalette für die Rüstung. Nach dem Einbruch des Absatzes in der Nachkriegszeit – stagnierender Inlandsmarkt, Beschneidung bzw. Fehlen der Exporte und Verbot der Herstellung von Rüstungsgütern – begann sich mit dem Abklingen der Weltwirtschaftskrise die Konjunktur langsam zu beleben. Der wirtschaftliche Aufschwung beschleunigte sich aufgrund der vom NS-Regime eingeleiteten und forcierten Autarkie- und Rüstungspolitik. Diese Entwicklung soll stellvertretend für den Maschinenbau anhand des Unternehmens Buckau R. Wolf dargestellt werden.[91]

Wie auch in anderen Unternehmen, so waren bei Buckau R. Wolf bis 1932 wegen der geringen Auftragslage Mitarbeiter entlassen worden. Das änderte sich in der Folgezeit. In einer Betriebsgeschichte von

Metropole mit „lichter" Zukunft. Magdeburg 1933 – 1945

Bild oben:
Schmiede am Dampfhammer bei Buckau R. Wolf

Bild unten:
Arbeiter in der Metallindustrie

1938 lesen wir: „Es versteht sich von selbst, dass sich unter diesen Voraussetzungen [Politik des NS-Regimes, Abklingen der Weltwirtschaftskrise, *M.W.*] die Produktion in Deutschland in einem Maße heben musste, das alle Erwartungen und Hoffnungen weit übertraf. Vom Umbruch an wiesen unsere Werkstätten eine von Jahr zu Jahr steigende Produktion auf, und die Belegschaft erhöhte sich andauernd. Erweiterungen, Neubauten, Neueinrichtung von Werkstätten, Ausbau und Förderung der technischen Weiterentwicklung unserer Erzeugnisse bilden die Mittel, mit denen angestrebt wird, auch den höchsten Anforderungen zu genügen."[92]

Dies alles fand besondere Förderung durch die vermehrten Rechte der Besitzenden und Aktionä-

Metropole mit "lichter" Zukunft. Magdeburg 1933 – 1945

Arbeiten an der hydraulischen Presse bei Buckau R. Wolf

re gegenüber den Mitarbeitern der Firma. Auf der Grundlage des „Gesetz[es] zur Ordnung der nationalen Arbeit" vom 30. Januar 1934 wurde im Betrieb das „Führer-Gefolgschafts-Prinzip" durchgesetzt. Die Eigentümer fungierten als Betriebsführer, die Arbeiter und Angestellten mussten sich ihnen unterordnen. Vertrauensräte, die nicht von der Belegschaft gewählt, sondern vom Betriebsführer bestimmt wurden, traten an die Stelle der bisherigen Betriebsräte.[93]

Der Konzern Buckau R. Wolf bestand in Magdeburg aus vier Betriebsteilen – Stammwerk Buckau, Salbke, Sudenburg, Teil der nach Magdeburg umgelagerten Maschinenfabrik Grevenbroich. Er bot mit seiner Produktpalette sehr gute Voraussetzungen für die verstärkte Erschließung der heimischen Rohstoffe und für die Rüstung. Der erhöhte Energiebedarf und der Aufbau der synthetischen Treibstoffproduktion brachten dem Konzern steigende Aufträge im Baggerbau und für Brikettierungsanlagen. Ein völlig neuer Fabrikationszweig entstand mit den Hydrier- und Schwelanlagen für die synthetische Benzinerzeugung. Mit der Lieferung von Hochdruck- und Dampfkesseln hatte das Unternehmen einen großen Anteil am weiteren Ausbau der chemischen Industrie.[94] So verdoppelten sich die Aufträge im Kesselbau bereits von 1933 zu 1934.

Mit der stetig zunehmenden Übernahme von Rüstungslieferungen mussten andere Fabrikationszweige zurücktreten. Das betraf unter anderem die

Metropole mit „lichter" Zukunft. Magdeburg 1933 – 1945

WOLF-Kessel-Dampfmaschine für die Kraft- und Dampfversorgung eines Textilwerkes

Ausrüstungen für die Zuckerindustrie und generell das Exportgeschäft.

Seit 1934 begann bei Buckau R. Wolf der Einstieg in die Rüstungsproduktion. Mitte der 30er Jahre entfiel ein Viertel bis ein Drittel der Erzeugnisse auf Rüstungsgüter. Deren Herstellung wurde gegenüber der Öffentlichkeit weitestgehend geheim gehalten oder verschleiert und mit „Behördenlieferungen" umschrieben. Buckau R. Wolf stellte im folgenden Jahrzehnt u. a. Geschütze, Torpedos, Minensuchgeräte, Wasserbombenwerfer und Teile für die Flugzeugfertigung her.[95] 1939 war der Konzern nicht in der Lage, alle neuen Rüstungsaufträge anzunehmen.[96]

In den Jahren vor Ausbruch des Zweiten Weltkrieges erhöhten im Gleichschritt mit Buckau R. Wolf auch Krupp-Gruson und Schäffer & Budenberg den Anteil des Produktionsvolumens an der Rüstung. Wenn dazu von den alteingesessenen Firmen noch die Munitionsfabrik Polte gezählt wird, so war die Elbestadt zu einem wichtigen Zentrum für die Wehrmachtsausstattung geworden.

Das zwischen Sudenburg und dem Stadtfeld gelegene Poltewerk hatte sich bereits vor und während des Ersten Weltkrieges neben der Armaturen- und Metallwarenproduktion auf die Herstellung von Patronen und Kartuschenhülsen für Geschützmunition

Metropole mit „lichter" Zukunft. Magdeburg 1933 – 1945

Bild oben:
Versammlung von Betriebsführern und Gefolgschaft im Konzern Buckau R. Wolf Industrieanlagen

Bild unten:
Hitler zu Besuch im Krupp-Gruson-Werk

Metropole mit „lichter" Zukunft. Magdeburg 1933 – 1945

Der Betriebsteil Salbke des Konzerns Buckau R. Wolf

spezialisiert.[97] Mit der Übernahme mehrerer Fabriken im Inland entwickelte sich Polte in den 30er Jahren zu einem Konzern, der mit der Herstellung von Munition und Munitionsmaschinen eine stetig zunehmende Rolle in der NS-Rüstungspolitik spielte.[98] Bereits 1934 schloss der NS-Staat, vertreten durch das Oberkommando des Heeres, mit der Firmenleitung einen Vertrag, der Polte ermächtigte, zur Ausweitung der Patronen- und Geschossproduktion auf Rechnung des Reiches weitere Werke (z. B. Silva-Metallwerke Genthin, Metallwerk in Magdeburg-Neustadt) zu errichten, die das Unternehmen fortan als Pächter betrieb.[99] Während die Armaturenherstellung in den Hintergrund trat, stieg der Gewinn aus den Wehrmachtsaufträgen von Jahr zu Jahr an. Das geschah umso mehr, nachdem 1937 die Patronenfabrikation im Hauptwerk modernisiert und ein Jahr später das Betriebsgelände infolge eines Pachtvertrages mit der Stadt durch das Grundstück der ehemaligen Maschinenfabrik Becker erweitert worden war.[100] Auch wurde 1938 ein Grundstück in der Feldmark Diesdorf erworben, um das Pulverlager der Firma vom ehemaligen Fort 2 in der Nähe von Lemsdorf hierhin verlegen zu können.[101]

Trotz des Konzerncharakters blieb das Unternehmen ein Familienbetrieb, der von den in die Poltefamilie eingeheirateten Schwiegersöhnen Hermann Nathusius (später von dessen Söhnen) und Arnulf Freiherr von Gillern geleitet wurde. Wie die Betriebsordnung belegt, wurde das NS-Modell Führer-Gefolgschaft 1934 im Unternehmen durchgesetzt.[102] Polte wurde im Mai 1938 als eine der ersten Firmen Magdeburgs als „Nationalsozialistischer Musterbetrieb" ausgezeichnet. Während des Krieges waren im Magdeburger Stammwerk 15.000 Menschen – darunter Zwangsarbeiter, Kriegsgefangene, KZ-Häftlinge – beschäftigt.

Infolge der Bevölkerungszunahme und der neuen Industrieansiedlungen stieg der Energiebedarf stetig an. Ende der zwanziger Jahre einigten sich die Stadtverwaltung und die „Mitteldeutsche Kraftwerk Magdeburg A.G. (Mikramag)" über den Bau eines Großkraftwerkes, das mit Koks der Großgaserei und Steinkohle aus Oberschlesien betrieben werden sollte. Die Aufnahme der Energieerzeugung ließ zunächst auf sich warten, weil der Hauptabnehmer, die Zinkhütte, noch nicht gebaut worden war.[103] Seit Ende 1928 verhandelte die Stadt mit der „Bergwerksgesellschaft Georg von Giesche's Erben" über deren Ansiedlung im Hafengelände. Schließlich wurde das Projekt seit 1931 geplant und bildete nach der Errichtung der NS-Diktatur einen wichtigen Pfeiler in der Autarkiepolitik. Oberbürgermeister Markmann unterrichtete die Ratsherren über die Vertragsunterzeichnung zwischen dem Reichsfinanzministerium und der Firma. Er brachte die Hoffnung zum Ausdruck, „dass mit dem Bau der Zinkhütte ein neuer wirtschaftlicher Aufschwung für Magdeburg beginnen möge."[104] Der Rohstoffbedarf der Zinkhütte belief sich jährlich auf 150.000 t Erz, aus denen 40.000 bis 60.000 t Zink gewonnen werden sollten. Im Sommer 1933 begann der Bau. Die Produktion wurde im Oktober des folgenden Jahres aufgenommen. Für die später durchgeführte Erweiterung des Unternehmens stellten die Krupp-Gruson A.G. und die Mitteldeutsche Landesbank einen Kredit zur Verfügung, für den die Stadt die Bürgschaft übernahm.

Infolge der umfassenden Aufnahme und Ausweitung der Flugzeugproduktion gründete die Junkers Flugzeug- und Motorenwerk A.G. Dessau ein Zweigunternehmen in Magdeburg. Der Einstieg begann 1935 mit dem Erwerb der Maschinenfabrik Magdeburg in der Neustadt, die auf hochleistungsfähige Drehautomaten spezialisiert war und nun automatische und halbautomatische Werkzeugmaschinen für den gesamten Konzern herstellte. In der Folgezeit erwarb Junkers von der Stadt umfangreiches Gelände (1936 300.000 m²; 1940 18.000 m²) für den Aufbau der Motorenproduktion an der Nachtweide.[105] Der Betrieb stellte Kolbenmotore und Düsentriebwerke her. Die Belegschaft stieg sprunghaft an, allein von Januar bis September 1936 von 2.120 auf 4.644. Während des Krieges arbeiteten im Junkerswerk 15.000 Personen.

Die Motorenprüfstände in der Neustadt (Schwiesaustraße) riefen schon bald den Protest der Bevölkerung der umliegenden Wohngebiete hervor. In einer

Bohreinheiten in einer Maschinenhalle des Junkers-Motorenwerkes

Metropole mit „lichter" Zukunft. Magdeburg 1933 – 1945

Ratsherrensitzung wurde geklagt, der Vogelgesang sei durch die Geräusche als Erholungspark entwertet worden. Wie der Oberbürgermeister erklärte, habe die Firmenleitung „mit Unterstützung Berliner Stellen" eine Standortverlagerung abgelehnt.[106] Schließlich wurde ein Teil der Prüfstände in den Norden des Industriegeländes Rothensee verlegt.[107]

Das dritte große während der NS-Zeit im Norden Magdeburgs angesiedelte Unternehmen war die Brabag. Kriegsvorbereitung und Autarkiepolitik veranlassten das NS-Regime, verstärkt auf Treibstoffproduktion aus inländischen Rohstoffen zu setzen. Die günstige Lage zu den Braunkohletagebauen und im mitteldeutschen Wasserstraßensystem veranlassten die Regierung und die Braunkohle-Benzin AG Berlin, die Ansiedlung eines neben Böhlen zweiten Unternehmens am Standort Magdeburg zu betreiben. Dafür machte sich auch die Stadt stark. Im Mai 1935 informierte der Oberbürgermeister die Ratsherren über die Kontaktaufnahme von Stadtverwaltung und Brabag-Direktion betreffs der Errichtung einer Hydrieranlage im Industriegelände. Wie es in einem „streng geheimen" Papier weiter hieß, sollte das Werk von der benachbarten Mikramag jährlich 200 Millionen KWh Strom und 500.000 t Dampf beziehen. Der zukünftige Betrieb werde den bei der Verschwelung von Braunkohle auf dem Schwelwerk Offleben anfallenden Teer zu Benzin verarbeiten. Infolge des Brabag-Projektes müsse die Mittellandkanal-Hafen AG ihren Umschlag auf 850.000 t jährlich anheben, wovon 700.000 t auf die Hydrieranlage entfallen.[108]

Das Projekt, so Markmann, würde den Magdeburger Arbeitsmarkt spürbar entlasten, denn zur Errichtung des Werkes würden 4.000 Arbeitskräfte, später 800 bis 1.000 Beschäftigte benötigt. „Der Wohnungsbau für 1935 sei gedrosselt worden, um die Stellung von Arbeitskräften für den Bau der Brabag nicht zu gefährden."[109]

Die Stadt war bereit, für die Brabag-Ansiedlung mehrere Opfer zu bringen. Sie ermöglichte den Geländeerwerb zu einem günstigen Preis und übernahm die Hälfte der Kosten. Außerdem musste Magdeburg die Bezahlung des von der Brabag verbrauchten Stroms mit jährlich 200.000 RM stützen.[110] Mitte 1936 schlossen die Stadtverwaltung und die Unternehmensführung der Brabag einen Vertrag. Danach verpflichtete sich die Direktion, das westlich vom Schwerin-Krosigk-Damm zu errichtende Hydrierwerk ab 1. November 1936 ohne Unterbrechung zu betreiben. Für die Errichtung, Erweiterung und Erhaltung waren einheimische Unternehmen zu berücksichtigen und vorrangig Elbstädter zu beschäftigen. Die Stadt erklärte sich bereit, auf dem Banckschen Ziegeleigelände 176 Wohnungen zu bauen.[111]

Metropole mit „lichter" Zukunft. Magdeburg 1933 – 1945

Städtische Versorgungs- und Entsorgungsunternehmen

Hafenbecken I mit Blick auf die Zinkhütte

Die bedeutendsten kommunalen Unternehmen waren das Elektrizitätswerk, das Gaswerk, die Wasserwerke, die Abwasserentsorgung und der Schlachthof. Im Jahre 1932 wurden die ersten drei in der „Mavag" zusammengefasst, um so die Verwaltung zu vereinfachen und beweglicher zu gestalten. Nach wichtigen Arbeiten am Elektrizitätswerk und der Fertigstellung der Wasserförderung in der Heide konnte sich die Mavag, deren gesamte Aktien die Stadt besaß, seit 1934 finanziell konsolidieren. Jedoch reichte die kommunale Bereitstellung von Elektrizität für die Bevölkerung und die Wirtschaft nicht mehr aus. Ein großer Teil des Stromes musste durch Fremdbezug gedeckt werden.[112] Die Energiefrage stellte sich in neuer Schärfe, als die Pläne der Bergwerksgesellschaft „Georg von Giesche's Erben", Breslau, im Industriegebiet Magdeburg-Rothensee eine Zinkhütte zu errichten, „feste Gestalt annahmen und die Ansiedlung an das Vorhandensein entsprechender Kraft- und Wärmequellen, die die Zinkhütte mit Strom und Dampf zu beliefern hatten, geknüpft wurde."[113]

Das nun notwendige Unternehmen, die „Mikramag", nahm 1930 zum Bau des Werkes bei einem New Yorker Bankhaus einen Vier-Millionen-Dollar-Kredit auf, der später infolge von Tilgungsschwierigkeiten von Schweizer Geldinstituten übernommen wurde. Da die Mikramag wegen der sich verzögernden Inbetriebnahme nicht in der Lage war, die Schuldverschrei-

Metropole mit "lichter" Zukunft. Magdeburg 1933 – 1945

Kohleverladeanlage der Mikramag

bungen einzulösen, sprang schließlich die Stadt ein und kaufte die Aktien.[114] Erst mit dem Produktionsbeginn der Zinkhütte begann die Energieerzeugung im Kraftwerk. Dasselbe stieß schon wenig später an die Kapazitätsgrenzen, als mit der Brabag ein weiterer Hauptabnehmer hinzutrat. 1938 war die Stadt bereit, die kommunale Stromerzeugung aufzugeben. Mitte des Jahres wurde ein Stromvertrag mit dem Elektrizitätswerk Sachsen-Anhalt (Esag) geschlossen.[115] Bezogen auf die Mikramag erklärte der Oberbürgermeister, es sei nicht Aufgabe der Stadt, ein Elektrizitätswerk zu halten, dass 90 Prozent des Stromes an zwei Industriewerke liefert.[116] Die Stadt war bereit, sich von der Mikramag zu trennen. Dabei folgte sie einem Vorschlag des Reichswirtschaftsministeriums, „eine Regelung der Mikramag-Angelegenheit im Sinne der Reichsinteressen herbeizuführen". Die Aktienmehrheit wurde an die Esag veräußert und das Kraftwerk damit in die Landesversorgung eingegliedert.[117] Magdeburg gab auch die Gaserzeugung auf. Entsprechend einer Vereinbarung mit der Deutschen Continental-Gas-Gesellschaft in Dessau wurde das Gaswerk der Mavag 1937 stillgelegt und die Versorgung von der Großgaserei in Rothensee übernommen.[118]

Bis Ende der 20er Jahre wurde die Stadt mit gereinigtem Wasser aus der Elbe versorgt. Der infolge der Einleitungen von Industrie- und Bergbauabwässern sich vor allem bei Niedrigwasser einstellende „muffigmoderige" Geruch und „faulig bis rauchig-phenolige" Geschmack ließ unter den Magdeburgern das Verlangen nach besserem Trinkwasser immer lauter werden. 1929 gestattete die Preußische Regierung die Anlage einer Versuchspumpstation und mehrerer Beobachtungsbrunnen in der Colbitz-Letzlinger Heide. Auf Grund positiver Fachgutachten kam zwischen dem Staat und der Stadt Magdeburg ein Vertrag über den Bau eines Grundwasserwerkes zustande.[119] Dasselbe wurde im August 1932 vom Oberbürgermeister Reuter der Bestimmung übergeben. Einsprüche der Forst- und Landwirtschaft verhinderten jedoch zunächst die volle Inbetriebnahme. Erst ab Juni 1933 erfolgte eine tägliche Grundwasserförderung bis zu 35.000 m³.[120] Das Heidewasser wurde zum Hochbehälter auf dem Magdeburger Kroatenberg gepumpt.

Der stetig ansteigende Wasserbedarf – 1933 11 Millionen m³ und 1938 18 Millionen m³ – ließen die Stadtverwaltung bei der in der Heide nur begrenzt möglichen Entnahme weitere Überlegungen anstellen. So wurde die Anreicherung des Grundwasserreservoirs durch Zuleitungen aus dem Flüsschen Ohre untersucht. Weitere Probebohrungen im Magdeburger Umland brachten nicht die erhofften Ergebnisse. Es blieb daher nichts anderes übrig als die Wasserreinigungsanlage im Werk Buckau zu erweitern und zu verbessern. Die dort seit 1932 stillgelegten Betriebsteile wurden reaktiviert und die Aktiv-Kohle-Filtration verstärkt. Mittels des Wassers aus der Heide und der chemischen Wasserreinigungsanlage in Buckau konnte die Versorgung zwar verbessert, jedoch keine langfristige Lösung erreicht werden.

Ende der 30er Jahre wurde immer deutlicher, dass beide Wasserwerke nicht in der Lage sein werden, den Wasserbedarf der Stadt zu decken. Als zukunftsweisendes Projekt zeichnete sich die Entnahme von Harzwasser aus der geplanten Talsperre der Rappbode ab. Im September 1938 informierte der Oberbürgermeister, die Reichsregierung habe die Provinzialverwaltung beauftragt, mit dem Bau zu beginnen. Die Stadt erklärte sich bereit, „mit dem für den Bau der Bodetalsperren zu gründenden Rechtsträger einen Wasserlieferungsvertrag zu schließen unter der Voraussetzung, dass die Talsperren bis zum Jahre 1941 lieferbereit sind." Jährlich sollten 10 bis 15 Millionen m³ Wasser abgenommen werden.[121] Gleichzeitig wollte man die Speicherkapazität für Wasser verbessern. Der 40 Jahre alte Hochbehälter auf dem Kroatenberg mit einem Fassungsvermögen von 19.000 m³ genügte in baulicher und betriebstechnischer Hinsicht nicht mehr allen Anforderungen. Deshalb übernahm es die Mavag, zwischen Diesdorf und Niederndodeleben einen weiteren Hochbehälter für 20.000 m³ Wasser zu errichten.[122]

Letztlich kamen die Talsperren und der Hochbehälter über Planung und Vorarbeiten nicht hinaus. Eisen

Bau des Wasserwerkes Colbitz 1932

und Arbeitskräfte wurden für die Aufrüstung und Kriegsvorbereitung benötigt. Die Stadtverwaltung gab zunächst die Hoffnung auf das Harzwasser und den Speicherbau nicht auf. Ende 1938 hieß es in einem Papier: „Da jedoch allein für die Leitungen 4.000 t Eisen gebraucht werden, muss mit Vorarbeiten unverzüglich begonnen werden, damit eine rechtzeitige Fertigstellung gewährleistet wird."[123] Das war jedoch nicht der Fall. Während des Krieges stieg der Wasserverbrauch weiter an. Dazu kam, dass die Entnahme in der Letzlinger Heide infolge des abgesenkten Grundwasserspiegels gedrosselt werden musste. Die prekäre Situation war nur mit gereinigtem Elbwasser mehr recht als schlecht zu meistern. Die Stadt fasste sogar ins Auge, die völlig veraltete Elbwasserentnahme am Festungswerk „Kavalier Scharnhorst" zu aktivieren.

Seit Mitte der 20er Jahre wurden die Abwässer der Stadt grobmechanisch auf Siebscheiben gereinigt und die Flüssigkeit zum größten Teil beim Herrenkrug in die Elbe geleitet. Eine staatliche Genehmigung lag für diese Methode der Entsorgung nicht vor. 1930 begonnene Verhandlungen führte die Stadt drei Jahre später mit dem Reichsnährstand weiter. In Ausführung eines Gesetzes vom März 1935 wurde die Einleitung von Abwässern in den Fluss nur gestattet, wenn deren Verwertung in der Landwirtschaft technisch und wirtschaftlich unmöglich war.[124] Fortan gelangten Abwässer, die am Cracauer Anger ankamen, mittels Pumpen ohne Reinigung durch eine Druckrohrleitung auf die vorgesehenen Landflächen. Dafür kamen in erster Linie die Gemarkungen Gerwisch, Lostau, Körbelitz, Stegelitz und Zehdenick in Frage. Die Stadtverwaltung sah in der Methode der Entsorgung einen Beitrag zur Autarkiepolitik. In einem Dokument hieß es: „Im Zeichen der Erzeugungsschlacht und des Vierjahresplanes ist es unbedingt notwendig, mit allen Mitteln dahin zu arbeiten, dass auch auf diesen Flächen [Sandböden, M.W.] die Erzeugung pflanzlichen Eiweißes gehoben und gesichert wird."[125]

Die Ausdehnung der Großstadt und die Zunahme von Abfällen in den Haushalten und der Wirtschaft stellten das Müllproblem in neuer Schärfe. Die nicht getrennten Abfälle wurden in Müllgruben auf den Höfen gesammelt und von dort mit Pferdefuhrwerken auf Deponien transportiert. Auf einer Kommissionssitzung der Verwaltung 1936 schilderte ein Teilnehmer „die unhygienischen Zustände, die sich aus dem in Magdeburg fast durchweg noch bestehenden System der Müllgruben ergeben. (Fliegen- und Ungezieferplage, Erschwerung der Ratten- und Mäusebekämpfung, Staubentwicklung bei dem Entleeren, Verschmutzung der Höfe und Straßen)." Es wurde vorgeschlagen, Tonnen aufzustellen und dieselben regelmäßig zu wechseln. Man wollte zukünftig eine Müllverwertungsfabrik an der Havelstraße einrichten und die Abfälle unter Zusatz von Chemikalien zu Mauersteinen verarbeiten.[126] Anfang 1937 verfügte der Präsident des Regierungsbezirkes Magdeburg, die Müllgruben bis zum Frühjahr des kommenden Jahres zu beseitigen. Die Stadt war entschlossen, die bisher von privaten Unternehmen betriebene „Magdeburger Müllabfuhr" zu übernehmen. Schrittweise sollten die Pferdegespanne durch Müllautos ersetzt werden. Die moderne Müllentsorgung wurde zunächst in der Altstadt eingeführt, nach der weiteren Anschaffung von Autos und Tonnen 1938 auf die Alte Neustadt und die Wilhelmstadt ausgedehnt. Auf der städtischen Deponie in der Havelstraße fand ein Müllsortierband Aufstellung und wurde von der Stadtverwaltung begutachtet.[127] Der Krieg brachte die weitere Umstellung der Müllabfuhr ins Stocken. Die auf einer Ratsherrensitzung erhobene Forderung, alle Pferdegespanne durch Autos zu ersetzen, war nicht zu verwirklichen.[128] Nun stellte sich auch das Arbeitskräfteproblem. In der Müllentsorgung eingesetzte Zwangsarbeiter aus Osteuropa mussten der Rüstungsindustrie zur Verfügung gestellt werden.

Metropole mit „lichter" Zukunft. Magdeburg 1933 – 1945

Ausbau von Straßennetz und Verkehrswesen

Blick in den Breiten Weg

Die stete Zunahme des innerstädtischen Verkehrs, vor allem durch Kraftfahrzeuge, machte den weiteren Ausbau des Straßennetzes und die Anlage von Parkplätzen erforderlich. Der Straßenbau konzentrierte sich in erster Linie auf die Neubaugebiete in den Vororten sowie auf wichtige Durchgangsstraßen und die aus der Stadt hinausführenden Trassen. So wurden die Große Diesdorfer Straße und die Ebendorfer Chaussee verbreitert, die Hindenburgstraße verlängert und die Leipziger Straße befestigt und asphaltiert. Im Frühjahr 1933 erfolgte eine Neuordnung der Verkehrsverhältnisse. Der Breite Weg wurde für Radfahrer gesperrt. Wie bereits schon am Hasselbachplatz regelten nun an Verkehrsknotenpunkten der Innenstadt Kettenabsperrungen das Überqueren der Fahrbahn durch Fußgänger. Auf dem Ratswaageplatz war es nun möglich, Autos zu parken. Dazu wurde der dortige Springbrunnen abgerissen. Auch auf dem Ulrichskirchhof und dem umgestalteten Vorplatz des Hauptbahnhofes konnten Autos abgestellt werden.[129] In der „Stadt der Radfahrer" blieb das Zweirad weiterhin das häufigste Verkehrsmittel. In den Jahren 1936 und 1937 fanden an neun Tagen von 5:00 bis 21:00 Uhr an 35 Zählpunkten Erhebungen zum Fahrradverkehr statt. Über die erste Zählung an der Eisenbahnunterführung am Neustädter Bahnhof ist vermerkt worden: „In fast ununterbrochener Kette fuhren 7.543 Radfahrer in Richtung Neustadt und 7.529 in Richtung Alt-

Metropole mit „lichter" Zukunft. Magdeburg 1933 – 1945

Metropole mit „lichter" Zukunft. Magdeburg 1933 – 1945

Johanniskirche vom Werder aus gesehen

Bild Seite 54:
Altes Rathaus und Alter Markt

stadt." Am Zählpunkt in der Schönebecker Straße (Klosterbergegarten) wurden 14.962 Radfahrer registriert.[130]

Die neuen Wohngebiete und die Ansiedlung von Handels- und Industrieunternehmen setzten deren Anbindung an die städtischen Verkehrsmittel – Straßenbahn und Bus – auf die Tagesordnung. Auch auf diesem Gebiet mangelte es an Geld und Material. Die Stadt wurde bei der Reichsverkehrsgruppe Schienenbahnen vorstellig und wies darauf hin, „dass es sich um die Einrichtung von Verkehrsverbindungen handelt, die zur Versorgung der im Rahmen des Vierjahresplanes wichtigen Wehr-Industrien im Norden und Süden der Stadt unbedingt erforderlich sind."[131] Dabei ging es um den Anschluss von Rothensee und des Industriegeländes sowie der Buckauer Insel. Seit Anfang der 30er Jahre wurde im Norden eine Bahnlinie geplant, konnte jedoch wegen des fehlenden Geldes nicht verwirklicht werden. Auch die Einrichtung des Omnibusverkehrs stieß auf Schwierigkeiten, da mehrere Werke – Mikramag, Giesche, Großgaserei – es ablehnten, das Projekt finanziell zu unterstützen. So bekundete die Direktion der Großgaserei ihr Desinteresse, da „ihr die jetzige Verkehrsverbindung genügt und der größte Teil der Belegschaft die Arbeitsstätte mit Fahrrädern aufsucht."[132] Ab 1. April 1935 fuhren Busse von der Neuen Neustadt nach der Banckschen Siedlung und Rothensee. Seit

Metropole mit „lichter" Zukunft. Magdeburg 1933 – 1945

Bild oben:
Hauptbahnhof

Bild unten:
„Hechtwagen" der Straßenbahn

Metropole mit „lichter" Zukunft. Magdeburg 1933 – 1945

Bahnhofstraße

Oktober 1940 nahm die Straßenbahn den Verkehr bis zur Banckstraße, ab Mai des folgenden Jahres bis ins Industriegelände auf.[133]

In einem Vertrag von 1928 hatte sich die Straßen-Eisenbahn-Gesellschaft verpflichtet, die Buckauer Insel – damit vor allem das Krupp-Gruson-Werk – an das Schienennetz anzuschließen. Wegen der damaligen wirtschaftlichen Schwierigkeiten musste jedoch das Projekt zurückgestellt werden. In den 30er Jahren baten das Unternehmen und der Verkehrsverein wiederholt um die Anbindung der Buckauer Insel. Mitte 1937 ließ die Stadtverwaltung verlautbaren, es fehle das notwendige Geld und die erforderlichen Schienen seien von den staatlichen Stellen nicht freigegeben worden. Damit fielen auch alle anderen vom Vorstand der Straßenbahn geplanten Linien unter den Tisch.[134] Die Verschleißerscheinungen am rollenden Material, an den Schienen und Oberleitungen konnten nur unzulänglich kompensiert werden. Seit 1937 wurde bei der Straßenbahn begonnen, so genannte „Hechtwagen" anzuschaffen.[135] Der Bus-Wagenpark erhielt nur ein neues Fahrzeug. Daher mussten ab 1939 die Bus-Linien nach Heyrothsberge und Lemsdorf stillgelegt werden.[136] Hatte in den ersten Kriegsjahren der Vorstand der Magdeburger Straßenbahnen Aktiengesellschaft hinsichtlich der gestiegenen Beförderungszahlen noch über eine „lebhafte Aufwärtsentwicklung" frohlockt, so mussten bald einige Linien „zwangsmäßig ein-

Metropole mit „lichter" Zukunft. Magdeburg 1933 – 1945

Flughafengelände im Süden Magdeburgs

geschränkt" werden. Personalmangel, umfangreiche Reparaturen an den Wagen drosselten den Verkehr.[137] Dazu kamen im weiteren Kriegsverlauf Zerstörungen bei Bombardements.

Im Zeitalter des Kraftwagens war die Autobahn für die Verbindung mit den anderen Regionen des Reiches von großer Bedeutung. Als 1933 die Projektierung von Autobahnen in Angriff genommen wurde, wurde die Stadt Mitglied der Gesellschaft zur Vorbereitung der Reichsautobahnen, weil nach Ansicht der Verwaltung „danach gestrebt werden muss, eine oder mehrere Reichsautobahnen in unmittelbarer Nähe von Magdeburg vorbeizubringen."[138] Zur Ausführung kam schließlich nur die West-Ost-Strecke (Hannover–Magdeburg–Berlin). Die Stadt begann die Auf- und Abfahrten (Berliner Chaussee bei Schermen; Krosigk-Damm im nördlichen Industriegebiet; Barleber Chaussee südlich Barleben) zu planen und schließlich zu bauen. Am 10. Januar 1937 war das Teilstück der Autobahn von Braunschweig bis Magdeburg dem Verkehr übergeben worden. Bald danach erfolgte die Einweihung der Elbbrücke bei Hohenwarthe und die durchgängige Nutzung der Fahrstrecke bis Berlin.

Die Einbindung in den zivilen Flugverkehr war mehr als bescheiden. 1933 wurde Magdeburg jeweils ab 1. Mai von der Fluglinie Bremen-Prag angeflogen. Dazu kam an den Wochenenden zweier

Metropole mit „lichter" Zukunft. Magdeburg 1933 – 1945

Sommermonate die Urlaubsstrecke Berlin-Goslar. Der zukunftsweisende Flugplatz an der Berliner Chaussee, der durch Landerwerb von Bauern aus Magdeburg-Cracau und Gübs sowie durch städtischen Besitz vergrößert worden war, geriet schon bald in das Blickfeld der Luftwaffe.[139] Die Stadt sah sich genötigt, das Flugfeld und die darauf errichteten Bauten zunächst zu verpachten und schließlich schrittweise an den Militärfiskus zu verkaufen.

Als „Ersatz" für den östlich der Elbe abgegebenen Flugplatz richteten die städtischen Behörden und die Magdeburger Flughafen-Gesellschaft den Blick auf das südliche Ende der Leipziger Chaussee. Die Stadt legte Anfang 1935 einen Entwurf für den Flugplatz vor und stellte die im Jahr zuvor vom Kloster Unser Lieben Frauen in der Gemarkung Salbke erworbenen 30 ha Land im Erbbaurecht zur Verfügung.[140] Die Flughafengesellschaft übernahm die Beschaffung und die Organisation der Errichtung der benötigten Hochbauten. Im Januar 1936 wurde der Flughafen eingeweiht, der in den folgenden Jahren in drei Bauabschnitten erweitert wurde. Der Flugplatz blieb dem außerplanmäßigen Luftverkehr und der Segelfliegerei vorbehalten. Seit 1936 hatte lediglich die Fluglinie Hamburg-Nürnberg die Elbestadt in ihrem Programm. 1938/1939 klagte die Flughafengesellschaft, der Flugverkehr sei weiter zurückgegangen und die Maschinen kämen unregelmäßig.[141] Magdeburg war vom Flugverkehr weitgehend abgekoppelt und musste denselben 1940 gänzlich einstellen. Das Flugfeld im Süden der Stadt wurde zunehmend genutzt, um Flugzeugführer auszubilden.[142]

Bild oben:
Militärflugzeug auf dem Flugplatz Süd

Bild unten:
Restaurant „Lindenhof" in der Nähe des Flugplatzes Süd

Metropole mit „lichter" Zukunft. Magdeburg 1933 – 1945

Geistig-kulturelles Leben unterm Hakenkreuz

Das Magdeburger Theater blickte Anfang der 30er Jahre auf eine lange, künstlerisch anspruchsvolle Tradition zurück. Wie nahezu alle Bereiche des kommunalen Haushalts konnten die Bühnen in den wirtschaftlichen Krisenjahren nur noch unzureichend finanziell bezuschusst werden. Hatten die Theater (Stadt- und Wilhelmtheater) bis dahin jährlich ungefähr eine Million RM aus der Stadtkasse erhalten, so waren es jetzt nicht einmal mehr die Hälfte. „Das Theater musste daher auf eine neue, billigere und dennoch leistungsfähige Betriebsform umgestellt werden", hieß es 1933.[143] Mit dem NS-Regime bahnten sich im Theaterleben inhaltlich und personell tief greifende Veränderungen an. In einer Denkschrift hieß es, „durch eine noch in den letzten Monaten [der Weimarer Republik, M.W.] kultur-bolschewistischen Spielplan-Politik [wären] weiteste Kreise der Bevölkerung dem Theater entfremdet worden [...]" Jetzt müssten „für die rassische und politische Bereinigung des Theaterpersonals erhebliche finanzielle Opfer aufgebracht" und der Etatzuschuss für die Spielzeit 1933/34 „infolge des uns von den roten Machthabern hinterlassenen katastrophalen wirtschaftlichen Erbes auf 400.000 RM herabgesetzt werden [...]"[144] Die Theaterleitung wurde radikal politisch gesäubert. Der Intendant Götze, der Generalmusikdirektor Beck sowie der Verwaltungsdirektor, der Kapellmeister und der Konzertmeister verloren ihre Posten.[145] Die zeitweilige Schließung des Theaters nutzte das Stadtregime, auch die Schauspieler und die technischen Arbeitskräfte zu entlassen.

Mit der Spielzeit 1934/35 erhielten die Schauspieler, die angestellt wurden, nur noch Arbeitsverträge für neun Monate. Die Theaterleitung, an der Spitze mit Intendant Boehlke, strebte eine finanzielle Unterstützung durch den Staat an, um das darstellende Personal ganzjährig beschäftigen zu können, „denn die [gegenwärtigen, M.W.] Gagen bewegen sich noch immer in einem verhältnismäßig bescheidenen Rahmen und sind zum Teil in dem Voranschlag gegenüber dem Vorjahre sogar niedriger angesetzt".[146] Der Besuch des Schauspieles ließ weiter zu wünschen übrig. Das betraf vor allem das Stadttheater, in dem neben dem klassischen Repertoire zunehmend zeitgenössische Stücke aufgeführt werden mussten.
Im Rathaus wuchs das Verlangen, mehr Inszenierungen zu bringen, die bei der theaterinteressierten Bevölkerung Zuspruch fänden. Auf einer Ratsherrensitzung sagte der Oberbürgermeister, der schlechte Besuch der Schauspiele „sei zwar weltanschaulich, aber nicht finanziell zu verantworten."[147] Vor allem im Wilhelmtheater sollte fortan die leichte Muse noch stärker eine Heimstatt finden. Um dem generellen

Bild links:
Programmheft der Magdeburger Bühnen

Bild rechts:
Szenenbild aus „Der Waffenschmied" von Albert Lortzing

Metropole mit „lichter" Zukunft. Magdeburg 1933 – 1945

Das Wilhelmtheater

Besucherschwund begegnen zu können, wurden die Partei und die NS-Organisationen eingeschaltet. Für die NSDAP, die SS, die Jugendorganisationen gab es geschlossene Vorstellungen. Die Theaterleitung schloss mit der „Kraft durch Freude" (KdF) einen Vertrag, nach dem die Organisation ganze Veranstaltungen abnahm.[148] Dabei standen Lustspiele und Operetten im Vordergrund. Insgesamt blieb jedoch der Zuschauerzuspruch beim Schauspiel das Sorgenkind. So hatte, wie es in einem Bericht hieß, die Werbung unter den politischen Amtsleitern wenig Erfolg. Die NS-Kulturgemeinde der Elbestadt war nicht in der Lage, den Theaterbetrieb so zu organisieren, dass volle Häuser gewährleistet wurden.[149]

Im Gegensatz zum Schauspiel fanden die musikalischen Veranstaltungen eine ungleich bessere Resonanz. Hier konnte an Traditionen der Musikbühne angeknüpft werden, 1933 wurde der Städtische Chor gegründet, der in kurzer Zeit ungefähr 400 Mitglieder umfasste. Besonders gepflegt wurden die auch von den Nazigrößen favorisierten Wagnerschen Opern. Die Bühnen schafften moderne Projektionsapparate an, um mit ihnen Naturerscheinungen, Feuerzauber und die Rheintiefe besser wiedergeben zu können. Über die städtischen Konzerte im Jahre 1935 ist vermerkt: „Damit [mit der neuen Apparatur, *M.W.*] war es möglich, in den letzten Wochen dieser Spielzeit alle Wagnerschen Musikdramen in einer geschlossenen Reihe zur Aufführung zu bringen – eine künstleri-

Metropole mit „lichter" Zukunft. Magdeburg 1933 – 1945

Das Stadttheater an der Otto-von-Guericke-Straße

sche Tat, die zur Zeit an keiner anderen Bühne eine Parallele findet."¹⁵⁰ Die Ankündigung, das Gesamtwerk Wagners in den kommenden Jahren erneut aufzuführen, konnte jedoch nicht durchgestanden werden.

Einen festen Bestandteil des Magdeburger Musiklebens bildeten die Sinfoniekonzerte. Die im Anrecht zur Verfügung stehenden Plätze waren stets ausgebucht. Für einzelne Konzerte konnten namhafte Solisten wie Erna Berger (Sopran), Helge Roswaenge (Tenor), Elly Ney (Klavier), Otto Kobin (Violine) gewonnen werden. Große Resonanz fanden auch die Musikfeste, so zum Beispiel 1935 zu Ehren von Bach, Händel, Schütz und Telemann.¹⁵¹

Zu den Sinfoniekonzerten und den Kammermusikabenden traten vom Kaufmännischen Verein durchgeführte musikalische Veranstaltungen. So organisierte der Verein in der Wintersaison 1937 vier Konzerte, und zwar drei mit den Berliner Philharmonikern und eines mit einem Orchester aus Rom.¹⁵² Das NS-Regime mischte sich auch in das Musikleben ein. Es durften nur Werke nichtjüdischer Komponisten aufgeführt werden. Jeglicher Bezug auf das Judentum wurde strikt unterbunden. So hieß es 1938 in einem Protokoll der Stadttheater-Beiräte: „Die vom Städt. Chor am Charfreitag in der Johanniskirche geplante Aufführung der Johannis-Passion wird wegen der darin zum Ausdruck kommenden Judenkönig-Verherrlichung abgesetzt."¹⁵³

Metropole mit „lichter" Zukunft. Magdeburg 1933 – 1945

Zentral-Theater

Hatte 1939 der städtische Haushaltsplan für die innere und äußere Instandsetzung der Bühnen erhebliche finanzielle Mittel geplant, „damit die Theater ein besseres Aussehen erhalten und in den Zustand versetzt werden können, der an Kunst- und Kulturstätten gestellt wird",[154] so führte der Krieg zu erheblichen Einschränkungen. Jedoch drängte die Reichsregierung schon bald, „nicht nur der durch Arbeit äußerst eingespannten Zivilbevölkerung eine geistige Erholung sicherzustellen, sondern um auch den während des Winterhalbjahres hier abgestellten Truppenteilen Abwechslung zu bieten."[155] Neben einem vermehrten Zuspruch des Kinos stieg in der Bevölkerung während der ersten Kriegsjahre – um Zerstreuung und Ablenkung zu finden – das Interesse am Theaterbesuch. Um den wieder zunehmenden Besuch der Theater befriedigen zu können, richtete die Stadt das 1938 aus Privatbesitz erworbene Zentraltheater her.[156] 1942 gab der NS-Gauleiter die Anweisung, das Haus „unter Berücksichtigung der durch die Kriegsverhältnisse bedingten Einengungen in der Bauwirtschaft" beschleunigt zu renovieren.[157] Der Intendant appellierte an das Theaterpersonal, in der schweren Zeit „die Bevölkerung aufzulockern, zu erheitern und abzulenken".[158] Die Zuschauerzahlen gingen in den drei Theatern – das Zentraltheater war an die Organisation KdF verpachtet worden – zurück, als die Bombardements seit Anfang 1944 sich auch auf Magdeburg richteten. Letztlich wurden die Bühnen zerstört.

Metropole mit „lichter" Zukunft. Magdeburg 1933 – 1945

Kaiser-Friedrich-Museum

In Magdeburg gab es 1933 zwei Museen – das Kaiser-Friedrich-Museum und das Museum für Naturkunde und Vorgeschichte. Das kommunale NS-Regime favorisierte zudem den Aufbau eines Stadtgeschichtlichen Museums.

Das Kaiser-Friedrich-Museum verfügte über einen umfangreichen Fundus an Kunst und kunstgewerblichen Gegenständen. Während der Wirtschaftskrise und in den ersten Jahren der NS-Zeit stagnierte wegen Geldmangels die weitere Anschaffung seitens der Stadt. Fabrikanten vermachten dem Museum wertvolle Kunstgegenstände.[159] Private Leihgaben, so von der Museumsgesellschaft (u. a. Emil Nolde: Sonnenblumen, Adolf Rettelbusch: Sylt) und von der Nationalgalerie, bereicherten die Ausstellung.

Der Oberbürgermeister übergab dem Museum zwei fast lebensgroße Barockengel und zwei Kaiser-Otto-Plaketten in Bronze und Porzellan. Im Vorfeld der Olympischen Spiele stellte die Stadt Geld für die Anschaffung von Bronzenachgüssen von Figuren aus dem Nationalmuseum Athen zur Verfügung.[160] 1936 erwarb Magdeburg für die Skulpturensammlung eine Figurengruppe (Christus und Johannes) aus der Konstanzer Gegend um 1300, die emphatisch „als schönste holzgeschnitzte Kleinskulptur des deutschen Mittelalters" bezeichnet wurde.[161] Erwähnt werden sollen noch der Ankauf der Goethe-Büste von Gottlieb Martin Klauer (um 1790) und des künstlerischen Nachlasses von Adolf Rettelbusch.[162]

Ende der 30er/Anfang der 40er Jahre beteiligte man sich am preiswerten Aufkauf von beschlagnahmtem Eigentum jüdischer Bürger. Ziel war es, ohne Skrupel aus diesem Fundus „Werke echtester deutscher Kunst von führenden Meistern und von hohem Range zu erwerben". Da eine „Reihe ungewöhnlicher Kunstsammlungen" versteigert wurden, stellte der Oberbürgermeister 30.000 RM zur Verfügung.[163] Die Magdeburger sollten jedoch fortan an den Museumsschätzen wenig Freude haben. Mit der Ausweitung der Bombardements begann das Museum, die Bestände der Gemälde- und der Kunstgewerbesammlungen zunächst im Hauptdepot, die wertvollsten im Tresor der Magdeburger Filiale der Reichsbank und ab 1942 im Salzbergwerk Neustaßfurt unterzubringen.[164]

Im Frühjahr 1933 unterbreitete Museumsdirektor Greischel den Vorschlag, ein Stadtgeschichtliches Museum einzurichten. Dazu sollte die Kunstgewerbeschule in der Brandenburger Straße die frühere Kunsthalle zur Verfügung stellen.[165] Die Stadtverwaltung beschloss, einen Verein ins Leben zu rufen, der die Gründung des Museums vorbereiten und dessen Aufbau befördern sollte. „Es gilt, unser Volk mit nationalsozialistischem Geiste zu erfüllen. Eins der wichtigsten Mittel hierzu, das durch seine Anschaulichkeit wie kaum ein anderes wirkt, ist ein Museum für Stadt- und Heimatgeschichte",[166] verkündete ein städtisches Dokument.
Die beiden bisherigen Museen wurden angehalten, alle die Stadt- und Heimatgeschichte betreffenden Exponate an die neue Einrichtung abzugeben, so das Kaiser-Friedrich-Museum einen vollständigen Zunftraum, stadtgeschichtliche Stiche, Zeichnungen und Gemälde.[167] Dazu kamen schon bald wertvolle Gegenstände, die betuchte Bürger, Innungen und Vereinigungen stifteten. Das Vermögen des aufgelösten Vereins für Werkkunst wurde ebenfalls dem neuen Museum zugeführt.[168]
In der zweiten Hälfte der 30er Jahre war es der Stadt möglich, das Museum für Stadt- und Heimatgeschichte mit bescheidenen Geldern zu unterstützen. Insgesamt blieb dasselbe jedoch ein Torso.

Das Museum für Naturkunde und Vorgeschichte war in einem vom Preußischen Staat gepachteten Gebäude am Domplatz [nördliches Eckhaus an der Ostseite, M.W.] untergebracht. Da entsprechend des Mietvertrages die Stadt das Gebäude zu unterhalten hatte und sich dafür die Ausgaben häuften, war man entschlossen, das Museum in die umzubauenden Wirtschaftsräume des Gesellschaftshauses am Klosterbergegarten zu verlegen und den bisherigen Vertrag zum 1. April 1939 zu kündigen. Letztlich nahm man jedoch von dem Plan Abstand.[169]
Im Mittelpunkt der Museumsarbeit standen die Inventarisierung von nahezu 100.000 Einzelstücken und die Neuordnung der vorgeschichtlichen Sammlung. Erwähnung finden soll der Erwerb wertvoller Käfer- und Schmetterlingssammlungen. Das Museum veranstaltete mehrere Tagungen, so 1937 für die Gesellschaft für Säugetierkunde mit ausländischer Beteiligung.[170] Allen Bemühungen zum Trotz ging die Besucherzahl des Museums jedoch ständig zurück.

Heft 1 der Publikationsreihe „Magdeburger Kultur- und Wirtschaftsleben"

Anfang der 30er Jahre waren Stadtbibliothek und -archiv eine Einrichtung. Um bessere Arbeits- und Depotbedingungen zu schaffen, erfolgte 1934 deren Umzug in das Gebäude der ehemaligen Loge „Ferdinand zur Glückseligkeit" am Neuen Weg.[171] Der Buchbestand umfasste Anfang 1934 über 130.000 Bände. Der schmale Kassenbestand ließ fortan nur wenig Neuanschaffungen zu. So hieß es in einem Bericht: „Im Rahmen der geringen vorhandenen Mittel wurden hauptsächlich Werke nationalsozialistischer Literatur angeschafft. Die marxistische und kommunistische Literatur wurde sekretiert."[172]
Der Buchfundus vergrößerte sich durch bedeutende Schenkungen. Dazu kamen die Übernahme eines Teiles der ehemaligen Magistratsbibliothek, des aufgelösten Amtes für Leibesübung und des geschlossenen König-Wilhelm-Gymnasiums. Während des Krieges wurden die dem Staat Preußen gehörenden „Vereinigten ehemaligen Klosterbibliotheken Magdeburg" der Stadtbibliothek unterstellt.[173]

Metropole mit „lichter" Zukunft. Magdeburg 1933 – 1945

Bild links:
Der Dr. Eisenbarth-Brunnen von Fritz von Graevenitz, 1939

Bild rechts:
Eike-von Repgow-Brunnen von Hans Grimm, 1937

Unter dem NS-Stadtregiment nahm die Bedeutung des Archivs ständig zu. 1934 war die bis dahin vakante Stelle des Stadtarchivars besetzt worden. Das Archiv widmete sich verstärkt der so genannten Sippenforschung und der Sammlung von Dokumenten der lokalen NS-Bewegung.[174] Es wurde begonnen, eine Stadtchronik anzulegen. Auf Vorschlag des Oberbürgermeisters entstand die Veröffentlichungsreihe „Magdeburger Kultur- und Wirtschaftsleben".[175]
Der Jurist Markmann favorisierte von Anfang an die Geschichte und die Bedeutung des Magdeburger Rechtes im Mittelalter. Die Zerstörung der Stadt 1631 hatte den Bestand des Archivs vollständig vernichtet. Um für künftige Arbeiten auf diesem Gebiet „eine sichere Grundlage zu haben, wurde [1936] mit der Anlage eines Quellen- und Literaturverzeichnisses [...] begonnen".[176] Entsprechend einer Preisaufgabe der Preußischen Akademie der Wissenschaften übernahm auf Geheiß des Oberbürgermeisters das Stadtarchiv den Auftrag, in ostdeutschen und osteuropäischen Städten Schöffensprüche entsprechend des Magdeburger Rechts zu sammeln und später zu publizieren. Nach der Annexion tschechischer und polnischer Territorien wurden Archive von Kommunen nach derartigen Rechtsbelehrungen durchforscht.
Um die gewachsene Bedeutung des Magdeburger Archivs herauszuheben, erhielt dasselbe ab März 1940 den Status einer selbständigen Einrichtung. Bei ihm sollte nach dem Willen Markmanns ein Institut zur Erforschung des Magdeburger Stadtrechtes

Metropole mit „lichter" Zukunft. Magdeburg 1933 – 1945

angesiedelt werden, was jedoch wegen des Krieges unterblieb.[177]

Aus den in den 30er Jahren stattgefundenen Ausstellungen, Tagungen und Buchpräsentationen hob sich die im Zusammenhang mit dem „Ersten Mitteldeutschen Rechtswahrertag" (4.6.37) im Kaiser-Friedrich-Museum durchgeführte Schau „Magdeburger Recht" besonders heraus. Zuvor hatte die Stadtverwaltung beschlossen, einen von Professor Grimm entworfenen Eike-von-Repgow-Brunnen bauen zu lassen und in der Grünanlage an der Hallischen Straße zu platzieren.[178] Der Direktor des Staatsarchivs, Dr. Möllenberg, beschäftigte sich in einer Publikation über Eike von Repgow mit dem Magdeburger Recht und „versucht[e], die Vorrangstellung Magdeburgs im Mittelalter in Recht und Kultur in das richtige Licht zu stellen".[179]

Die meisten Ausstellungen dieser Jahre widmeten sich der NS-Politik und -Weltanschauung, daneben Persönlichkeiten, die mit der Geschichte Magdeburgs in Verbindung standen (Luther, Otto von Guericke) sowie der Flora und Fauna der Region. So wurden das Deutschtum, das Soldatensein verherrlicht und der Antisemitismus besonders herausgestellt, wie zum Beispiel die Ausstellungen zum Luftschutz, „Frontbilder des Ersten Weltkrieges", „Deutsche Kolonialausstellung", „Der ewige Jude" belegen.[180] Die Stadtbibliothek veranstaltete eine Buchpräsentation mit den Schwerpunkten „Die deutsche Ostmark" und „Heimkehr ins Reich".[181]

Den totalen Bruch mit der politischen und weltanschaulichen Vergangenheit vollzog auch das Regime, indem es alle der NS-Ideologie zuwiderlaufenden Hinweise auf demokratische und antimilitaristische Haltungen und Traditionen aus dem Stadtbild entfernen ließ. Beispielgebend war der Abbau des den Krieg und Massenmord anklagende Gefallenenmal von Ernst Barlach im Dom.[182]
Die Verwaltung ersetzte die zu verleihenden Auszeichnungen und die städtischen Symbole durch NS-Modelle. So wurden das Stadtwappen und die Dienstsiegel neu gestaltet.[183] Der Turm „Kiek in de Köken" am Fürstenwall und das bei ihm liegende Gelände dienten fortan als „Ehrenmal der Alten Garde"

Totenmal für die Gefallenen des Ersten Weltkrieges von Ernst Barlach, 1929

(verdienstvolle Altnazis). Neben den Domtürmen fand ein pompöses Denkmal für die SA Aufstellung.

Mit der Fortdauer des Krieges wurde das geistig-kulturelle Leben immer mehr eingeschränkt und politisiert. Verstärkt rückten Theaterleute, Musiker, Mitarbeiter der Museen und des Archivs in den Wehrdienst ein. Kulturstätten mussten für andere Zwecke bereitgestellt oder wie die Stadthalle aus Gründen des Luftschutzes gesperrt werden. Vorträge beschäftigten sich in erster Linie mit dem Krieg.[184] Die vom NS-Gauleiter 1941 angeordnete Ausstellung „Deutsche Größe" stand schon bald im Widerspruch zu dem aufziehenden militärischen Zusammenbruch des Regimes.

Metropole mit „lichter" Zukunft. Magdeburg 1933 – 1945

Schule und Einflussnahme auf die Jugend

Das NS-Regime leitete in der Bildung und Erziehung der Schuljugend unverzüglich strukturelle, personelle und inhaltliche Veränderungen ein. Dementsprechend hieß es in einem Verwaltungsbericht: „Die Neuordnung des Schulwesens wurde diktiert sowohl durch den Zwang zum Sparen als auch durch die ideelle Umstellung, die vom 30. Januar 1933 ab mit der Übernahme der Macht durch die NSDAP verbunden war."[185] In Anwendung des Gesetzes zur Wiederherstellung des Berufsbeamtentums erfolgte die Anordnung, alle der NS-Diktatur nicht genehmen Lehrkräfte zu entlassen. So musste zum Beispiel die 1933 stark eingeschränkt, im Jahr darauf vollständig abgeschafft.

Die bisherige Volkshochschule musste im Mai 1933 die Tätigkeit beenden. An ihre Stelle trat eine neue Volkshochschule mit NS-ausgerichteten Lehrern.[188] Das Stadtamt für Leibesübungen wurde aufgelöst, weil eine bessere „Zusammenfassung der gesamten städtischen Maßnahmen auf dem Gebiete der Körperertüchtigung sowohl im finanziellen Interesse der Stadt wie auch im Interesse der Förderung der [körperlichen, M.W.] Ertüchtigung selbst lagen".[189]

Bild links:
Kundgebung der Hitlerjugend auf dem Domplatz 1938

Bild rechts:
Schulneubau in Magdeburg-Ost 1939

Leiterin der Viktoria-Schule ausscheiden, weil sie „frauenrechtlerisch-demokratisch eingestellt" war, und es den „Herren Frontkämpfern und Nationalsozialisten" nicht zugemutet werden konnte, unter ihr als Lehrer zu arbeiten.[186] Auf einer Sitzung verkündete Stadtschulrat Donath die neuen Richtlinien bei der Auswahl von einzustellenden Lehrkräften. Er wies darauf hin, „dass im Gegensatz zu den Grundsätzen der vergangenen Jahre jetzt Wert darauf gelegt wird, junge und sportgewandte Lehrkräfte nach Magdeburg zu holen, die mit der H. J. in Verbindung stehen und sonst die berufliche Eignung haben."[187]

Um nicht genehme Lehrkräfte loszuwerden, wurde auch die Zahl der außerplanmäßigen Lehrerstellen

Trotz steigender Kinderzahlen schränkte man die Anzahl der Schulen ein. Das betraf in erster Linie die Volksschulen, die fortan Gemeindeschulen hießen. Mit ihnen wurde auch ein erster Schritt zur Beseitigung der evangelischen und katholischen Schulen eingeleitet. Anfang 1939 empfahlen die Schulbeiräte dem Oberbürgermeister, bei der Schulaufsichtsbehörde die Aufhebung der konfessionellen Schulen zum 1. April zu beantragen.[190] Das wurde wenige Monate später durch einen ministeriellen Erlass bekräftigt.[191] Bereits einige Jahre zuvor hatte die Schulverwaltung verkündet: „Es wird angestrebt, in den Gemeindeschulen mehr als bisher nach den Grundsätzen der nationalsozialistischen Weltanschauung zu unterrichten."[192] So hieß es 1933 in den Richtlinien für

Metropole mit „lichter" Zukunft. Magdeburg 1933 – 1945

die Geschichtslehrbücher: „Den Geschichtsunterricht aller Stufen muss der heldische Gedanke in seiner germanischen Ausprägung, verbunden mit dem Führergedanken unserer Zeit [...] durchziehen. [...] Der heldische Gedanke aber führt unmittelbar zur heldischen Weltanschauung, die [...] uns im Ringen um die völkische Selbstbehauptung inmitten einer feindlichen Welt immer wieder neue Kraft zuströmen lässt."[193] Ein Unterrichtsprinzip sah vor, Rassenstolz und Rassenbewusstsein bei den Schülern – vor allem in den höheren Schulen – zu wecken.[194]

1939 gab es in Magdeburg sieben höhere Schulen (129 Klassen, 3.184 Schüler), zehn Mittelschulen (128 Klassen, 4.236 Schüler), 33 Gemeindeschulen (573 Klassen, 23.175 Schüler), fünf Hilfsschulen (37 Klassen, 987 Schüler) sowie eine vereinigte Sprach- und Schwerhörigenschule. Dazu kamen zehn Berufsschulen, u. a. zwei gewerbliche Schulen, die kaufmännische Schule, die Industrieberufsschule, die Meisterschule des deutschen Handwerks, der die Provinzial-Meisterlehrgänge angeschlossen waren, die Haushaltungs- und Gewerbeschule und die Handelsschule.[195] Das Krupp-Gruson-Werk verfügte über eine betriebsinterne Berufsschule.

Seit 1937 wurde die Schulpflicht für alle Mädchen eingeführt, die die allgemeine Schule durchlaufen hatten. Da Klassenräume fehlten, konnten zunächst nur diejenigen beschult werden, die in gewerblichen Berufen tätig waren. An der Viktoriaschule wurde eine dreijährige Frauenoberschule eingerichtet.[196]

Die fehlenden Gelder wirkten sich auf alle Bereiche des Schulwesens aus. Dringend notwendige Renovierungen konnten nicht oder nur eingeschränkt durchgeführt werden. Das Mobiliar war teilweise nicht mehr gebrauchsfähig. Die Ausstattung der Turnhallen ließ sehr zu wünschen übrig. So war zum Beispiel in der Bismarckschule während des Krieges kaum noch ein Turngerät intakt. Zu den knapp bemessenen Lehrerstellen kam der Raummangel. An Schulneubauten war nicht zu denken. In einigen Stadtteilen wurde die Situation unerträglich. Ein Teil der Klassen hatte 50 bis 60 Schüler. Besonders angespannt war die Lage östlich der alten Elbe. Stadtschulrat Donath musste deshalb 1936 feststellen: „Die beschleunigte Errichtung eines Neubaus ist deshalb dringendstes Erfordernis."[197] Die Schule in Brückfeld nahm 1939 den Unterricht auf. Ein in der Junkerssiedlung erforderlicher Schulbau kam wegen des Krieges nicht zur Ausführung. Die in der Schmidtstraße begonnene Schule konnte nur zur Hälfte notdürftig errichtet werden. In Rothensee erweiterte man das Schulgebäude durch einen Flachbau.

Ende der 30er Jahre wurde die ideologische Beeinflussung der Jugend weiter intensiviert. Im Auftrage der Gaufilmstelle der NSDAP mussten in den Schulen verstärkt staatspolitische Filme eingesetzt werden.

Kinder fahren in den Ferien aufs Land

Die Schulen erhielten Rundfunkgeräte, um Propagandaveranstaltungen und Reden der Nazigrößen an die Schüler herantragen zu können. Das System der Schullandheime wurde ausgebaut. So mussten dort die Abschlussklassen der Mittelschulen untergebracht werden, um den Schülern „planmäßig die deutsche Landwirtschaft nach erd- und naturkundlichen sowie geschichtlichen Gesichtspunkten" [entsprechend der NS-Blut- und Bodenideologie, M.W.] nahe zu bringen.[198] In einer Richtlinie hieß es: „Kein Klassenunterricht vermag für die Erkenntnis der Jugendlichen und für die Anschauung rassischer Gegebenheiten so wertvollen Stoff zu liefern wie der Aufenthalt in Schullandheimen."[199]

Metropole mit „lichter" Zukunft. Magdeburg 1933 – 1945

Aufmarsch von Wehrmacht und Hitlerjugend auf dem Alten Markt

Der Kriegsausbruch verschärfte die Lage in allen Magdeburger Schulen. 175 Lehrer wurden im Spätsommer 1939 „zu den Fahnen gerufen".[200] Die Schulen übernahmen „Pflichten im Dienste der Erfassung und Erhaltung von volkswirtschaftlichen Werten." In den Häusern und Haushalten sammelten die Kinder Schrott, Buntmetalle, Papier, Lumpen und Knochen.[201] Die unmittelbare Kriegsvorbereitung und dessen Beginn spitzten von Jahr zu Jahr die Lage weiter zu. Turnhallen dienten als Getreidelager. 20 Schulen nahm zeitweilig die Wehrmacht in Anspruch. Fortan fand verstärkt Kurzunterricht statt. Die in den Schulen vorhandenen Kohlevorräte wurden beschlagnahmt und für den Hausbrand der Bevölkerung und für kriegswirtschaftliche Betriebe vorgesehen. Bei Kälte war kein Schulunterricht möglich. Die Schulleitungen erhielten die Aufforderung, bei den Eltern „um Verständnis für die getroffenen Maßnahmen zu werben und darauf hinzuweisen, dass sich jetzt alles den Erfordernissen der Kriegsführung unterordnen müsse."[202]

Metropole mit "lichter" Zukunft. Magdeburg 1933 – 1945

Sport unter erschwerten Bedingungen

Magdeburg verfügte Mitte der 30er Jahre über 17 Sportplätze, fünf Tennisanlagen und 34 Turnhallen.[203] Seit 1933 wurden das Arbeiter-Sportkartell zerschlagen und die Arbeitersportvereine aufgelöst. Deren Eigentum eignete sich die Stadt an. So brachte sie die der Fichte-Sportplatz G.m.b.H. gehörende Sportplatzanlage an der Ebendorfer Chaussee in ihren Besitz.[204] Aus anderen Sportvereinen schloss man die ehemaligen „marxistischen Mitglieder" aus oder ließ sie politisch überwachen.[205] Spiel und Sport wurden seit Mitte der 30er Jahre zunehmend in das weltanschaulich-wehrpolitische Konzept der NS-Machthaber einbezogen. SA und HJ durften die städtischen Sportanlagen nutzen. Schon bald zeichnete es sich ab, dass die Sportstätten nicht ausreichten, zumal sie teilweise erneuerungsbedürftig waren. Der Bevölkerungswachstum und die damit verbundene Zunahme der Kinder und Sportausübenden verlangten den Bau von Sportstätten. Vereine übernahmen städtisches Gelände in Pacht oder Erbbaurecht, so der Fußballklub Fortuna Land am Schöppensteg (ehemals Fort 8) und verpflichtete sich, es bei Inanspruchnahme eines Baukostenzuschusses der Stadt zu einer Sportanlage herzurichten. Der Schwimmklub 1896 pachtete das Zitadellengelände. Den Sportplatz auf dem Gelände des Fort 7 nutzte fortan der MTV Neustadt.[206]

Die Anlage neuer Sportstätten drängte auch, weil bisherige den Neubauten weichen mussten, so die Radrennbahn neuen Wohnbauten und drei Platzanlagen am Kleinen Stadtmarsch dem geplanten Strombrückenbau. Das Cricket-Stadion verschwand ebenso wie der Ravelin-Sportplatz, an dessen Stelle das Gaustabsgebäude des Reichsarbeitsdienstes entstand.[207] Die Stadtverwaltung hatte anfangs hochgesteckte Ziele. Westlich des Stadions „Neue Welt" sollte möglichst schnell eine Radrennbahn entstehen.[208] Auf dem Gelände des Magdeburger Reitervereins wurde der Bau einer Reithalle in Aussicht genommen.

Neben der Anlage neuer Sportplätze standen zwei Großprojekte im Mittelpunkt aller Planungen – ein Großstadion und ein zweites Hallenschwimmbad. Für die im Rotehornpark angedachte „Großkampfanlage" stellte die Stadt als erste Rate 75.000 RM bereit. Im Frühjahr 1938 drängten die Sport-Beiräte auf einen schnellen Baubeginn. Das Rathaus war dazu bereit, machte jedoch deutlich, dass die Realisierung erst anstehe, „wenn die Finanzierung in absehbarer Zeit sichergestellt sein" werde.[209] Entgegen den großsprecherischen Ankündigungen war an ein Stadion gar nicht zu denken. Ende 1938 hieß es in einer internen Beratung, „bei der angespannten Finanzlage der Stadt [...] [sei] auf Jahre hinaus mit dem Bau, der etwa 23 Millionen RM kosten soll, nicht zu rechnen."[210]

Ähnlich entwickelte sich die Situation um die geplante Schwimmhalle. Magdeburg als Hochburg des deutschen Schwimm- und Wasserballsports benötigte ein modernes Schwimmstadion mit einer 50 m-Bahn. Anfang 1936 widmete sich eine Ratsherrensitzung dieser Frage. Das Verlangen nach einer Schwimmhalle stieß jedoch nicht auf ein ungeteiltes Echo. Der für die Finanzen der Stadt verantwortliche Kämmerer Klewitz schlug vor, zunächst das überholungsbedürftige Wilhelmsbad zu sanieren. Auch der Oberbürgermeister versuchte das von den meisten Ratsherren verlangte Projekt nach hinten zu schieben, indem er versprach, ihm „zu gegebener Zeit" Beachtung zu schenken.[211] Das war auch darum notwendig, weil der vorgesehene Standort nicht einmal feststand. Noch 1938 gab es bei den Verantwortlichen unterschiedliche Meinungen über den zukünftigen Platz des Hallenschwimmbades.[212] Generell kamen die meisten der angedachten Sportanlagen über das Papier nicht hinaus. Knappes Baumaterial und fehlende Arbeitskräfte ließen viele der geplanten Sportstätten nur in Schriftstücken erscheinen.

Der Mangel an repräsentativen Sportstätten rief viel Kritik hervor. Selbst auf einer Beiratssitzung

Magdeburger Schwimmernachwuchs

Metropole mit „lichter" Zukunft. Magdeburg 1933 – 1945

Das „Sternbad", Klubanlage der Sportvereinigung „Stern"

wurde geklagt, wegen der im Vergleich mit anderen mitteldeutschen Städten fehlenden Großanlagen werde Magdeburg mit größeren Veranstaltungen stiefmütterlich bedacht.[213] Man war sich einig, dass eine Änderung des Zustandes nur in einem Zeitraum von zehn bis 15 Jahren zu erreichen sei. Die Förderung des Massensportes sollte daher auch mit einer Freigabe der städtischen Wiesenflächen nach dem ersten Grasschnitt unterstützt werden. Unternehmen rief man auf, für Betriebssportfeste selbst Anlagen herzurichten.[214]

Trotz der Sportstätten-Kalamität gab es in diesen Jahren auch einige herausragende Sportwettkämpfe, so der Leichtathletik Länderkampf Deutschland gegen Frankreich (1934), die 30. Internationale Magdeburger Ruderregatta (1937), die Große Magdeburger Motorsportregatta (1937) und der Große Straßenpreis der Radfahrer (1938).[215]

Besondere Resonanz fanden die Schwimm- und Wasserballveranstaltungen. Sie wurden maßgeblich getragen von den deutschen Spitzenvereinen „Hellas" und „Schwimmsportklub 1896". 1934 fanden auf der Europa-Kampfbahn beim Stadion Neue Welt Europameisterschaften im Schwimmen statt. Zwei Jahre später veranstaltete „Hellas" mit japanischen Schwimmern einen Wettkampf, während 1938 US-Schwimmer in Magdeburg weilten. Internationale Wasserballspiele bewiesen die hohe Qualität der Magdeburger Sportler. In all den Jahren rangen „Hel-

Metropole mit „lichter" Zukunft. Magdeburg 1933 – 1945

las" und der „Schwimmsportklub 1896" um eine Spitzenstellung in Deutschland und gegeneinander um die Dominanz in der Elbestadt.

Anlage des Schwimmsportclubs „Hellas"

Metropole mit „lichter" Zukunft. Magdeburg 1933 – 1945

Gesundheitswesen mit neuer Zielrichtung

Blick in die Grünanlagen des Krankenhauses Sudenburg

Die Bevölkerungspolitik des NS-Regimes habe, so hieß es in einem Schriftstück, „das Magdeburger Gesundheitswesen nach Form und Inhalt wesentlich verändert." Dabei sei eine „umgestaltende Wirkung" von der Erb- und Rassegesetzgebung ausgegangen. So hätten die Nürnberger Gesetze, insbesondere das Blutschutzgesetz und das Ehegesundheitsgesetz, „der Gesundheitspflege neue Aufgaben von gewaltigem Ausmaße" gestellt.[216] Das städtische Gesundheitswesen erhielt eine andere Zielrichtung. An die Stelle der bisherigen Gesundheitsfürsorge für besonders bedrohte [arme und kranke, M.W.] Bevölkerungskreise „wurde in erster Linie die Förderung der gesunden Bevölkerungsteile und des Nachwuchses ins Auge gefaßt." Im städtischen Krankenhauswesen verschwanden die Abteilungen für Chronisch-Kranke. Dieselben wurden in Versorgungsheimen und den Pfeifferschen Stiftungen untergebracht.[217] Im Interesse der Finanzen und unter dem Gesichtspunkt der NS-Gesundheitspolitik erfolgte bereits im Frühjahr 1933 eine Überprüfung, „in welchem Umfang Einschränkungen im städtischen Gesundheitswesen möglich sind."[218] Die Zahl der von der Stadt angestellten (Stadtbezirks)Ärzte verminderte sich von sechs auf vier, die drei Schulzahnkliniken wurden aufgelöst, Erholungsheime an Vereine abgegeben, Gesundheitsstellen eingeschränkt, die Säuglingsfürsorge an frei praktizierende „deutschstämmige Kinderfachärzte" abgegeben, in der TBC-Fürsorgestelle fortan statt drei nur noch ein Arzt beschäftigt.[219] Die Verwaltung

Metropole mit „lichter" Zukunft. Magdeburg 1933 – 1945

Neubau im Krankenhaus Sudenburg

erklärte sich außerstande, für Wohlfahrtsempfänger die ärztliche Versorgung im bisherigen Umfange zu leisten.²²⁰ So hieß es in einem Bericht, für die Kinder von Wohlfahrtsempfängern in Grundschulklassen bestehe zur Zeit „keine Möglichkeit zur Sanierung der schadhaften Zähne."²²¹

Natürlich erfolgte auch die politische Säuberung der Ärzteschaft und des medizinischen Personals. Dabei konzentrierte man sich zunächst auf die leitenden Positionen. Im Verwaltungsbericht 1933/34 hieß es: „Die Auswirkung des Berufsbeamtengesetzes war bei den leitenden Stellen der Krankenhäuser groß."²²² Zunächst mussten sechs Ärzte und mehrere Fürsorgerinnen aus städtischen Diensten ausscheiden.²²³

Besonderes Augenmerk richteten die kommunalen NS-Machthaber auf das Zurückdrängen des kirchlichen Einflusses in den Krankenhäusern. Das betraf unter anderem die Schwesternschaft. Bislang betreuten evangelische Schwestern drei Krankenhäuser und katholische Schwestern eines. Die Reichsleitung der NS-Volkswohlfahrt mischte sich ein und verlangte, dass der „NS-Schwesternschaft zumindest eine Anstalt übertragen würde." Der Bischof der evangelischen Kirche stimmte notgedrungen zu, erbat jedoch, die Diakonieschwestern in die NS-Schwesternschaft aufzunehmen. Ab 1. Oktober 1935 erfolgte die medizinische Versorgung im Krankenhaus Sudenburg mit Hilfe der NS-Schwestern.²²⁴

Metropole mit „lichter" Zukunft. Magdeburg 1933 – 1945

Im Widerspruch zu den öffentlichen Lobpreisungen war es um das Krankenhauswesen schlecht bestellt. So wurde 1936 vermerkt, in den letzten Jahren wäre „keine nennenswerte Erweiterung der Krankenhäuser eingetreten. [...]"[225] Daran änderten auch die Anfang 1937 verkündeten Vorschläge betreffs eines „Vierjahresplan[es]" für die Ausgestaltung der Krankenhäuser" wenig. Im Krankenhaus Sudenburg sollten ein Neubau für die Infektionsabteilung, der Weiterbau der Chirurgischen Klinik, die Errichtung eines Ärztehauses, die Einrichtung einer Aufnahmestation sowie die Anlage unterirdischer

Gemeinschaftssaal des Altersheimes an der Leipziger Straße 1939

Verbindungsgänge – vor allem im Hinblick auf den Luftschutz – erfolgen. Für das Krankenhaus Altstadt war vorgesehen, es zu sanieren und eine medizinische Bäderabteilung einzurichten.[226] Schon bald häuften sich aus den Kreisen der Patienten, der Ärzte und des medizinischen Personals die Klagen über die weiterhin bestehenden Unzulänglichkeiten. Neben der mangelnden Ausstattung mit medizinischen Geräten – so wurde die Apparatur des aufgelösten Strahleninstitutes auf die Krankenhäuser verteilt – mangelte es an Betten. Mitte der 30er Jahre verfügten die Krankenanstalten (Altstadt 775, Sudenburg 1.265, Marienstift 60, Pfeiffersche Stiftungen 65, Privatkliniken 357, Krankensäuglingsbetten 94) über 2.616 Betten.[227] Dabei muss berücksichtigt werden, dass außer den Elbestädtern die Kranken aus der Mitte und dem Norden der Provinz Sachsen die Magdeburger Krankenanstalten aufsuchten. Die prekäre Bettensituation spitzte sich durch die Weisung, besondere Lazarettabteilungen für die Wehrmacht einzurichten, noch zu.

Als sich Ende 1937 die Belegungsziffern in den Krankenhäusern stark erhöhten, vor allem die Infektionskranken (Scharlach, Diphtherie) zunahmen, gab es große Schwierigkeiten, diese Kranken isoliert unterzubringen. Es mangelte auch an Ärzten, um Erkrankte zu Haus zu betreuen. Mehr Pfleger und Schwestern wurden benötigt. Dringender denn je stand die Errichtung von Infektionshäusern auf der Tagesordnung. Im Jahre 1938 erteilten die Behörden den Zuschlag für Erd-, Maurer- und Eisenbetonarbeiten zum Neubau von zwei Infektionshäusern im Krankenhaus Sudenburg. Jedoch musste ein Jahr darauf vermeldet werden, dass die beiden Infektionshäuser (jedes Haus 32 Betten) nicht fertig gestellt seien, da es am Material mangele. Ähnliche Schwierigkeiten gab es mit der Chirurgischen Klinik, von der es hieß, es seien die „Vorarbeiten" für die Vollendung fortgesetzt worden. Dagegen konnte ein Lazarettbau für Wehrmachtsangehörige mit 200 Betten 1938 in Betrieb genommen werden.[228] An die dringend notwendige Unterbringung junger Ärzte und Schwestern war nicht zu denken. Statt eines Ärztehauses mussten in dem unmittelbar neben dem Krankenhaus Sudenburg entstandenen Altersheim Wohnungen für Arztehepaare abgestellt werden. Der Andachtsraum im Krankenhaus Sudenburg diente fortan zur Unterbringung von Krankenschwestern.[229] Ab 1. April 1939 kam die Heilstätte Lostau mit 250 Betten in die Hände der Stadt. Hier wurden vorrangig TBC-Kranke untergebracht. Da die Luft durch Abgase der Brabag bald verunreinigt wurde, erfolgte schon bald die Verlegung der Hautklinik und von Leicht- und Infektionskranken nach Lostau.[230]

Die 1933/34 veranlasste rigorose Einschränkung der Gesundheitsfürsorge musste in den folgenden Jahren gelockert werden. Die Zahl der Säuglingsberatungsstellen wurde auf 19 vermehrt. Die bisherige Schulfürsorge litt unter Personalmangel. Vier Bezirksschulärzte und zwei nebenärztliche Schulärzte

Samariterhaus der Pfeifferschen Stiftungen

betreuten alle Bildungseinrichtungen. Die Schulzahnpflege erfasste nur die vier Grundschuljahrgänge. Von 5.104 untersuchten Schülern waren 1936 3.526 behandlungsbedürftig.[231]

Zu den positiven Seiten des Gesundheitswesens jener Jahre zählte, dass die Tagesheilstätten für TBC-Kranke auf dem Fort 7 (Zielitzer Straße) und dem Zwischenwerk 4a (Harsdorfer Straße) vom Deutschen Roten Kreuz in die Hände der Stadt übernommen wurden. Auch konnten eine Schule zur Ausbildung von Röntgen-Assitentinnen und der Grundstock für eine medizinische Zentralbücherei eingerichtet werden.[232]

Die heraufziehende Kriegsvorbereitung setzte jedoch schon bald andere Prioritäten. Durch Abstellen von Ärzten zur Wehrmacht musste zum Beispiel die Schulgesundheitspflege stark eingeschränkt werden.[233] In den Krankenhäusern mangelte es mehr und mehr an medizinischem Personal. Die geplante Verlegung der Kinderklinik aus dem Krankenhaus Altstadt nach Sudenburg fand nicht statt, da hier bei Kriegsausbruch ein Reservelazarett (300 Betten) eingerichtet werden musste. Um die Bettenzahl für die zivilen Kranken zu erhalten, wurden in den einzelnen Kliniksälen Betten „eingeschoben".[234] Trotzdem konnte das Krankenhaus Sudenburg schon bald keine Infektions-, Hals-, Nasen- und Ohrenkranke mehr aufnehmen.[235]

Entsprechend eines Ministerialerlasses vom Frühjahr 1940 mussten alle größeren Krankenhäuser Blutspendezentren (Sudenburg für den Regierungsbezirk Magdeburg) einrichten. An das Gesundheitswesen der Stadt erging die Weisung, Hilfskrankenhäuser (Pfeiffersche Stiftungen – Hilfskrankenhaus I; Blenckesche Privatklinik – II; Schule in der Umfassungsstraße – III; Schule in Hindenburgstraße – IV) mit 600 Betten bereitzustellen. Der Krieg spitzte die prekäre Situation in den Krankenhäusern weiter zu. So mussten zwei Baracken aufgebaut werden, um deutsche Fleckfieberpatienten und erkrankte ausländische Arbeiter unterbringen zu können.[236] Die angesichts der drohenden Bombardements vom Gauleiter Ende 1943 angeordnete Verlegung der Krankenhäuser in das Umland blieb wie vieles ein Wunschdenken.

Metropole mit „lichter" Zukunft. Magdeburg 1933 – 1945

Ausgrenzung und Verfolgung der jüdischen Mitbürger

Die in der NS-Ideologie verankerte Judenpolitik kam seit Anfang 1933 auch in der Elbestadt zum Tragen. Die Ausgrenzung und Verfolgung der jüdischen Mitbürger wurde propagiert und praktiziert. Zu den herausragenden antijüdischen Scharfmachern gehörten der NSDAP-Kreisleiter Krause, der Ratsherr Kuhlmey und der Stadtrat Mann. Bereits im März 1933 brachte die NSDAP in der Stadtverordnetenversammlung einen Dringlichkeitsantrag ein, in dem behauptet wurde, im Ausland würde von den Juden eine Gräuelpropaganda in Bezug auf die Judenpolitik in Deutschland verbreitet. Daher sei es notwendig, „die einheimischen Juden durch den schärfsten Wirtschaftsboykott zu zwingen, ihren Rassengenossen im Auslande zum Bewusstsein zu bringen, dass diese Art von Bedrohung der Lebensinteressen des deutschen Volkes an dem eisernen Willen unserer Nation, sich zu behaupten, scheitern muss."[237] Der Magistrat schloss sich dem Votum der Stadtverordnetenmehrheit an und folgte auch den vorgeschlagenen Maßnahmen. Danach sollten unter anderem Juden aus den städtischen Verwaltungen und Betrieben unverzüglich entlassen werden, jüdische Firmen keine städtischen Lieferaufträge mehr erhalten, für von Juden und jüdischen Vereinen geplante gesellige Veranstaltungen, Vorträge und Sportfeste keine städtischen Räume mehr bereitgestellt werden. In den höheren städtischen Schulen wurde für jüdische Schüler der Numerus clausus eingeführt sowie Schritte eingeleitet, um alle jüdischen Lehrer zu entlassen.[238] Der auf Karriere bedachte Stadtschulrat Donath bat im Magistrat, dass den jüdischen Schülern und Schülerinnen ab 1. April 1933 „keine Freischule [befreit vom Schulgeld, M.W.] mehr an städtischen Schulen gewährt wird."[239]

Während sich der größere Teil der Magdeburger zu den Diskriminierungen der jüdischen Mitbürger passiv verhielt, kamen bei einer beachtlichen Bevölkerungsgruppe die seit dem 19. Jahrhundert bestehenden antisemitischen Ressentiments immer mehr zum Tragen. Angefacht von der NSDAP begann ab 1935 eine Kampagne, in der an Geschäften und Einrichtungen Schilder mit der Aufschrift „Juden sind hier unerwünscht!" angebracht wurden. Schon bald stand im Rathaus die Frage, ob fortan noch Juden das Theater besuchen dürften. Der von Kuhlmey in einer Ratsherrensitzung unterbreitete Vorschlag, am Theater ein Schild „Juden ist das Betreten des Theaters nicht gestattet" aufzustellen, fand keine ungeteilte Zustimmung.[240] Eine Konsultation bei der Reichskulturkammer zu diesem Problem erbrachte eine salomonische Antwort. Zwar gäbe es kein Gesetz, dass den Juden den Theaterbesuch verbietet, jedoch könnte man einen Hinweis, dass Juden

Der Nordpark – Treffpunkt der jüdischen Mitbürger

unerwünscht seien, anbringen.[241] Der den Juden zugebilligte städtische Lebensraum wurde von Jahr zu Jahr mehr eingeengt. So hatten zum Beispiel Nazianhänger festgestellt, „dass Juden mit ihrem Anhang in außerordentlich großer Zahl die Bänke auf dem Nordpark benutzen, so dass deutsche Volksgenossen keine Gelegenheit haben, sich in diesem Park zu erholen." Stadtrat Mann schlug vor, den Juden den Zutritt zum Nordpark zu verbieten.[242]

Zu den empörendsten Schikanen zählte die Begräbnisfrage. Verfügten die Magdeburger Juden auch über einen eigenen Friedhof, so erlaubte die städtische Friedhofsordnung die Bestattung und Urnenbeisetzung auf den städtischen Begräbnisplätzen. An diese Bestimmungen hielt sich die Friedhofsverwaltung

Metropole mit „lichter" Zukunft. Magdeburg 1933 – 1945

seit 1933 nicht mehr. Sowohl Begräbnisse als auch Trauerfeiern in den Friedhofskapellen wurden verboten. Die Angelegenheit spitzte sich zu, als 1935 die jüdische Gemeinde es ablehnte, Personen, die die Glaubensgemeinschaft verlassen hatten, auf dem jüdischen Friedhof zu bestatten.[243] Letztlich durften diese Juden „an abgesonderten Stellen eines städtischen Friedhofes" beigesetzt werden.[244] Den Bitten jüdischer Turnvereine, ihnen Übungsstätten zur Verfügung zu stellen, wurde nicht entsprochen. So teilte Ende 1934 die Stadtverwaltung den Antragstellern mit, die Frage könne erst entschieden werden, „wenn

überfallen, die Schaufenster eingeschlagen und die Ladeninhalte geplündert. Die zertrümmerte Einrichtung der Synagoge zeugte von der blindwütigen Zerstörungswut. In einem Erinnerungsbericht heißt es: „SA-Männer brachten die heilige Schrift, Bibeln, Gebetbücher, Thora-Rollen in den Hof, übergossen diese mit Benzin und steckten alles in Brand. Alles, was aus Silber war, wie Leuchter, Becher usw., nahmen sie mit."[247] Das Gebäude wurde im folgenden Jahr abgebrochen. Nach der Pogromnacht erfolgte die Verhaftung und der Abtransport von 375 männlichen Magdeburger Juden in das KZ Buchenwald.[248]

Bild links:
Blick auf die Synagoge in der Großen Schulstraße

Bild rechts:
Die in der Pogromnacht geschändete Synagoge

nach vollständiger Deckung des sonst. Bedarfs noch freie Übungsstätten vorhanden sind [...]"[245] Seit 1935 wurden auf Weisung der Berliner Ministerien die antijüdischen Maßnahmen zeitweilig gedämpft, um die im Jahr darauf anstehende Olympiade in Berlin nicht zu gefährden.[246]

Nach der Olympiade setzte die Ausgrenzung und Diskriminierung der jüdischen Mitbürger mit verstärkter Intensität ein. Höhepunkt bildete auch in Magdeburg das antisemitische Pogrom in der so genannten „Reichskristallnacht" vom 9. zum 10. November 1938. Organisiert von der Hitlerpartei spielten deren Mitglieder und Anhänger „Volkszorn", terrorisierten die Juden. Deren Geschäfte wurden

Die jüdischen Mitbürger wurden nun vollends ins gesellschaftliche Abseits gedrängt. Ab Januar 1939 durften sie kein Gewerbe mehr betreiben. Ihre Geschäfte wurden im Rahmen der „Arisierung" zu Niedrigpreisen verschleudert.[249] Goebbels, in seiner Eigenschaft als Präsident der Reichskulturkammer, ordnete an, den Juden die Teilnahme an allen öffentlichen Veranstaltungen zu verbieten. In einem Pressebeitrag hieß es: „Eine scharfe Trennungslinie ist gezogen, da schließlich einem Deutschen nicht zugemutet werden kann, sich mit Juden in einem Raum aufzuhalten."[250] Seit 1937 war die getrennte Beschulung der jüdischen Kinder vorbereitet worden. Im Juni 1938 mussten über 80 jüdische Kinder in zwei Klassen zusammengefasst werden, die von

zwei jüdischen Lehrern unterrichtet wurden. Für die einer Gemeindeschule angegliederte „Judenschule" hatte man gesonderte Toiletten gebaut.[251] Die Lebensdauer der Judenschule war nur kurz. Nach der Pogromnacht fand kein Unterricht mehr statt. In einer Verlautbarung hieß es: „Künftig muss es den Juden überlassen bleiben, für die Beschulung ihrer Kinder mit eigenen Mitteln in eigenen Räumen zu sorgen." Das war nun nicht mehr möglich.[252]
Die totale Ausgrenzung erfolgte auch im Wohnbereich. Entsprechend eines Erlasses über die Abtrennung jüdischer Familien von „arischen Wohngemeinschaften" und ihrer Unterbringung in gesonderten Häusern mussten 1939 die deutschen Haus- oder Grundstücksbesitzer den jüdischen Mietern kündigen. Damit waren die jüdischen Familien obdachlos. Auf Anweisung des Regierungspräsidiums ergriff die Stadtverwaltung Maßnahmen zur Unterbringung der Juden. So wurde ein leer stehendes Gebäude (das frühere Hotel Amsterdam) in der Brandenburger Straße angekauft, um eine begrenzte Zahl einzuweisen. Andere mussten in Notbehausungen am Stadtrand ziehen.[253]

Mitte des Jahres 1933 lebten in der Elbestadt 1.973 Juden. Sie zerfielen in zwei Gruppen – die zionistischen Verbände und die aus der Religionsgemeinschaft Ausgetretenen. Unter den Bedrückungen des NS-Regimes splitteten sich alle Juden noch einmal in zwei Gruppierungen auf. Einerseits die, die trotz aller Benachteiligungen in der Heimat bleiben wollten, und andererseits in die zur Auswanderung nach Palästina Bereiten. Die auf Bodenständigkeit Bedachten, meist die Älteren, scharten sich um die Ortsgruppe Magdeburg des „Reichsbundes jüdischer Frontsoldaten". Mit der Haltung „Hier bin ich, hier bleibe ich!" versuchten sie dem Regime keine Handhabe für Repressionen zu geben und betonten „ihr deutsches Judentum".[254]
Mitte der 30er Jahre intensivierten sie die Versammlungstätigkeit, um die Leidensgenossen zum Durchhalten zu bewegen. Die NS-Machthaber argwöhnten, aus den Versammlungen „geht das Bestreben der Juden hervor, eine enge Lebensgemeinschaft [...] untereinander herbeizuführen."[255] Die jüdischen Jugendvereine in der Elbestadt bereiteten dagegen ihre Mitglieder auf die Auswanderung vor. Ein Teil von ihnen verließ das Land. Im Sommer 1938 zeigte sich die Stadtverwaltung erfreut, dass Juden ihre Geschäfte verkaufen und auswandern. So nehme die Zahl der noch 150 bis 180 jüdischen Gewerbetreibenden von Woche zu Woche ab.[256]

Mit dem Krieg begann der letzte Akt des Dramas der jüdischen Mitbürger. Ende 1940 hatte die Gestapo noch 440 Juden in der Elbestadt registriert. Schon bald begann deren Einweisung in Konzentrationslager und schließlich ihre Ermordung.

Metropole mit „lichter" Zukunft. Magdeburg 1933 – 1945

Angespannte Lebensverhältnisse in den Vorkriegsjahren

Wochenmarkt vor dem Rathaus

Der Aufschwung der Wirtschaft, vor allem die Belebung der Industrie und die Ansiedlung bedeutender Unternehmen, hatten die Arbeitslosigkeit in der Elbestadt nahezu beseitigt. Jedoch verbesserten sich die Lebensverhältnisse der Arbeiter und Angestellten, vor allem auch der Rentner, nicht wesentlich. Diese Schichten der Bevölkerung waren schon bald durch die ausgebliebenen Versprechungen ernüchtert. Mitte der 30er Jahre musste zum Beispiel der Stadthaushalt jährlich fast 100.000 RM bereitstellen, um die Kohleversorgung von 12.000 bedürftigen Familien mit zu finanzieren.[257] Neben den Klagen der im Arbeitsprozess Stehenden über die unzureichende Entlohnung[258] riefen die sich häufenden Versorgungsprobleme zunehmende Unzufriedenheit hervor. Die von dem Regime verbreitete Losung „Kanonen statt Butter" fand in weiten Kreisen der Bevölkerung kaum Resonanz. Selbst die Gestapo musste in ihren Berichten eingestehen, dass die Stimmung durch das Anstehen vor Lebensmittelgeschäften – so zum Beispiel die „Butterschlangen" – und durch das geringe Angebot der Waren sehr gedrückt sei.[259] Die Stadt sah sich genötigt, auf den Unmut unter den Magdeburgern zu reagieren. 1936 mahnte der Oberbürgermeister, die Versorgungsprobleme schnell zu lösen, da dieselben sonst „zur Beunruhigung der Industriearbeiterschaft" führen würden.[260] Der Regierungspräsident von Jagow schloss sich in einem Schreiben an den Reichsminister für Ernährung und Landwirtschaft diesem Standpunkt an. Er wies

Metropole mit „lichter" Zukunft. Magdeburg 1933 – 1945

darauf hin, „dass die Fleischversorgung niemals so schlecht war als gegenwärtig" und nach Auskunft des Wirtschaftsverbandes in Halle „für die nächste Zeit keine Aussicht einer wesentlichen Besserung" bestünde.[261]

Die Fleisch- und Fettknappheit hielt in den folgenden Jahren an. Die Bevölkerung war über den steten Mangel an Butter verbittert, besonders auch, weil ein Teil der Milch zu Schlagsahne für die gut Betuch-

So hieß es 1939, der Fleischverbrauch in Magdeburg läge pro Kopf der Bewohner häufig unter dem Reichsdurchschnitt.[266] Die Stadt unternahm Schritte, um die Versorgungsmisere mit einzudämmen. 1937 wurde begonnen, eine Schweinemeisterei auf dem Grundstück Köhne in Lemsdorf einzurichten. Eine weitere Mästerei entstand 1940 in Gerwisch.[267] In beiden Anlagen sollten 2.500 bis 2.700 Schweine gehalten werden. Der Oberbürgermeister ordnete gegenüber der Gartenverwaltung an, „etwas zum

ten und die Touristen verarbeitet wurde.[262] In den Fleischereien hatten die Menschen das nach dem Schlachten vorrätige Angebot bereits nach kurzer Zeit aufgekauft. Die schmale Warendecke widerspiegelte sich ebenfalls auf den Wochenmärkten (Altstadt, Neue Neustadt, Sudenburg, Buckau, Wilhelmstadt) und den Krammärkten (Sudenburg, Südost, Neustadt, Wilhelmstadt).[263] Anfang 1938 musste eingeschätzt werden, dass „ein großer Rückgang in den Einnahmen an den Wochenmärkten zu verzeichnen sei [...]"[264] Die Verknappung bestimmter Lebensmittel führte dazu, dass Verfälschungen und geringwertige Ersatzmittel der Bevölkerung zum Kauf angeboten wurden.[265] Selbst die Behörden mussten in die Klagen über Versorgungsengpässe immer lauter einstimmen.

Gelingen des Vierjahresplanes bzw. zur Verbesserung der Ernährungslage beizutragen." Im Herrenkrug wurden 50 Morgen Land für den Kartoffelanbau hergerichtet.[268]

Neben den Versorgungsschwierigkeiten wiesen andere Maßnahmen die Bevölkerung auf das heraufziehende Kriegsgewitter hin. Das für die Rüstung benötigte Eisen sollte bei dem zu wenigen hochwertigen Eisenerz durch Sammlungen in den Haushaltungen und ein „Durchkämmen" der Müllentsorgung aufgebessert werden. So stellte die damit in der Stadtverwaltung beauftragte Abteilung fest, zwar sei der Gehalt an verwertbaren Materialien infolge von Haussammlungen zurückgegangen, „beträgt aber

Bild links:
Werbung für das „Eintopfessen"

Bild rechts:
„Volksgemeinschaft" beim Eintopfsonntag

immer noch soviel, dass auf seine restlose Erfassung im Interesse der Devisenwirtschaft größter Wert gelegt werden muss." Strafgefangene mussten auf den städtischen Müllabladeplätzen die ankommenden Fuhren auf verwertbare Bestandteile durchsuchen.[269] Die Eisengewinnung machte auch vor den Zäunen der öffentlichen Parks nicht Halt. Bald folgten die eisernen Einfriedungen der sich vor den Häusern befindenden Vorgärten. Dies sei, obwohl ein Teil der Bevölkerung dafür kein Verständnis zeige, „im Zuge zur Verschönerung des Straßenbildes und zur Schrottgewinnung geschehen [...]", versuchten sich die Verantwortlichen zu rechtfertigen.[270]

Die Magdeburger mussten seit 1938 auch die Veränderungen in den Behörden im Hinblick auf den „Ernstfall" zur Kenntnis nehmen. Es wurde ein Organisationsamt eingerichtet, dessen Aufgabe es war, die Verwaltung auf den [geplanten, *M.W.*] Krieg umzustellen und einen Kriegsgeschäftsverteilungsplan auszuarbeiten.[271] Die gebildeten Ämter für Ernährung und Wirtschaft bereiteten die rationierte Abgabe von Lebensmitteln bzw. Kleidung, Schuhwaren, Spinnstoffen, Bett- und Haushaltswäsche sowie Kohle und Heizstoffen vor. Die Lebensmittelmengen wurden pro Person für die Woche festgelegt. Zur Verteilung der Lebensmittelkarten und der Bezugscheine wurde die Stadt in 25 Bezirke eingeteilt. Am 28. August 1939 trat das Kartensystem in Kraft. Fortan durften die oben genannten Waren nur noch bei Abgabe der betreffenden Markenabschnitte bezogen werden.[272] In den Gaststätten war es zunächst noch möglich, fleischlose Mahlzeiten ohne Kartenabschnitte einzunehmen.

Widerstand gegen Herrschaft und Ideologie des NS-Regimes

Die NS-Machthaber versuchten mit Hilfe ihres Repressionsapparates, alle Andersdenkenden und -handelnden auszuschalten bzw. mundtot zu machen. Die aktiven Hitlergegner wurden verhaftet oder in die Illegalität gedrängt. Das betraf sowohl Kommunisten als auch Sozialdemokraten, aber auch Antifaschisten aus bürgerlichen Kreisen und den Kirchen. Die unmittelbar nach der Bildung des Hitlerkabinetts einsetzende Verfolgungswelle steigerte sich nach dem von den Nazis inszenierten Reichstagsbrand. So forderte beispielsweise die Magdeburgische Zeitung „schärfstes Vorgehen gegen Links".[273] Neben den in den Untergrund gedrängten Kommunisten konzentrierte sich die Gestapo verstärkt auf die Sozialdemokraten, zumal deren Partei Mitte 1933 für aufgelöst erklärt wurde. Die Kommunisten Martin Schwantes, Hermann Danz, Ernst Brandt und andere organisierten, obwohl sie zeitweilig verhaftet waren, den Widerstand und sammelten ihre Anhänger in den Großbetrieben. Verdienste beim Aufbau eines sozialdemokratischen Untergrundnetzes erwarben vor allem Werner Bruschke und Ernst Lehmann.

Trotz Terror und Verfolgung wirkten die Magdeburger Antifaschisten in der Öffentlichkeit. Nachts wurden an Häusern und Wänden, vor allem an Mauern der Großbetriebe Losungen angebracht, die das NS-Regime entlarvten und den antifaschistischen Widerstand dokumentierten. Schriften und Flugblätter (so „Der Antifaschist", „Der Hammer") sowie Zeitungen fanden sich in den Briefkästen.[274] Im Kruppwerk erfolgte im Oktober 1935 eine Verteilung von Handzetteln „Die Nazis sind unser Unglück" und das Anbringen des Schriftzuges „Nieder mit der Erpresserregierung". Wie die Gestapo festhielt, sei „staatsfeindliche Propaganda von Mund zu Mund" organisiert worden. Von 19 festgenommenen Personen wurden zehn wegen Hochverrats angeklagt.[275]

Breite Kreise der Gläubigen beider Kirchen waren nicht gewillt, ihre Religion durch Infiltration der NS-Ideologie beschneiden zu lassen. In der evangelischen Kirche war es jedoch den Nazis gelungen, auf Teile der Gemeindemitglieder Einfluss zu gewinnen. Dieselben konstituierten sich als „Deutsche Christen".

Dagegen fanden sich diejenigen, die das Eindringen des Nationalsozialismus in die Kirche strikt ablehnten, in der „Bekennende[n] Kirche" zusammen. Der NS-Staat ergriff natürlich für die Ersteren Position. Mittels eines Erlasses des Preußischen Ministerpräsidenten von 1934 wurde den Bekenntnischristen das Auftreten in der Öffentlichkeit, vor allem die Auseinandersetzung mit den „Deutschen Christen" untersagt. Die Redeverbote hätten „auf die Gemüter der einzelnen evangelischen Geistlichen sehr abkühlend gewirkt", wusste die Gestapo zu berichten. Trotzdem sei in den Predigten das bekannte Fürbittgebet für die verhafteten Geistlichen gesprochen worden.[276] Fortan, so stellte die Staatspolizei fest, hätten die Bekenntnispfarrer sich „mit größter Energie auf die Pflege der evangelischen Männer- und Jugendvereine geworfen." Unter diesem Deckmantel würde die allgemeine kirchenpolitische Lage besprochen.[277] In den Predigten der Bekenntnispfarrer seien nach den Aufzeichnungen der Gestapo keine staatsbejahenden Passagen enthalten gewesen.[278] Die Auseinandersetzungen zwischen beiden Kirchenflügeln eskalierten Anfang 1936, als die „Bekennende Kirche" dem unter dem Einfluss der Nazis stehenden Bischof Peter die Predigt im Dom verweigerte. Peter wurde von den Bekenntnischristen als „Irrlehrer" abgelehnt, weil er das Christentum in die völkische Rassenlehre einfügen wollte.[279]

Im Gegensatz zu den Protestanten gelang es den NS-Machthabern nicht, in die katholische Kirche einzudringen. Mitte der 30er Jahre registrierte die Geheimpolizei, Jesuitenpatres würden in einer Flut von Vorträgen sich mit dem Buch des NS-Ideologen Rosenberg „Mythus des 20. Jahrhunderts" auseinandersetzen und gegen das Sterilisationsgesetz zu Felde ziehen. „Die Patres verstehen es im hohen Maße, durch ihr schauspielerisches Auftreten die Zuhörer in ihren Bann zu ziehen und diesen ihre Meinung aufzuoktroyieren". Auch ständen die katholischen Vereine, so der Beamtenverein, „keineswegs auf dem Boden des nationalsozialistischen Staates". Die Vereine würden weiterhin ungestört für die „Katholische Aktion" arbeiten.[280] Die Geheimpolizei beklagte, dass es außerordentlich schwierig sei, die katholischen

Metropole mit „lichter" Zukunft. Magdeburg 1933 – 1945

Männer-, Frauen- und Jugendvereine zu kontrollieren. In einem Bericht an die Gestapo-Zentrale in Berlin hieß es, wenn die Entwicklung dieser Jugendvereine so weitergehe, „so ist mit einer völligen Entfremdung dieses Kreises vom nationalsozialistischen Gedankengut zu rechnen".[281] Da der politische Katholizismus „in äußerster Kampfbereitschaft" stehe und den katholischen Glauben wach halte, werde weiterhin in die katholische Jugend staatsfeindliches Gedankengut hineingetragen.[282]

Nach dem sich seit 1938 verstärkt abzeichnenden Kriegskurs des NS-Regimes intensivierten auch in Magdeburg die Widerstandskämpfer ihre Aktionen. Vor allem in den Großbetrieben Krupp-Gruson, Buckau R. Wolf, Polte, Mackensen, Hubbe & Fahrenholtz und in der Großgaserei blieben die Hitlergegner trotz der erfolgten Verhaftung eines Teiles ihrer Anhänger aktiv. Auch gerade aus den Zuchthäusern und KZ Entlassene wie Hermann Danz, Johann Schellheimer, Fritz Rödel und Hubert Materlik wirkten bald trotz aller Überwachung in der Untergrundarbeit mit.[283]

Metropole mit „lichter" Zukunft. Magdeburg 1933 – 1945

In den letzten Jahren vor dem „Tag X"

Blick auf das Ausstellungsgelände

Magdeburg hatte in den beiden Jahrzehnten nach dem Ersten Weltkrieg trotz aller Schwierigkeiten und Probleme eine insgesamt gute Entwicklung genommen. Dabei standen Bevölkerungsentwicklung, Wohnungsbau und Ansiedlung neuer Unternehmen im Vordergrund. Entgegen allen Planungen und Ankündigungen des NS-Magistrats hielt sich dagegen der Bau öffentlicher Gebäude in Grenzen. Um frei werdende Wohnungen für „erbgesunde kinderreiche Familien" zu bekommen, wurde seit Mitte der 30er Jahre mit der Errichtung eines Altersheimes an der Leipziger Straße begonnen. Das dafür bestätigte Geld hatten zum bedeutenden Teil so genannte unselbständige Stiftungen (Allgemeiner Stiftungsfonds, Peter-Zincke Hauptstiftung, Wilhelm-Kobelt-Stiftung) zur Verfügung zu stellen.[284] Jedoch ging das Baugeschehen nur langsam voran. Im Jahre 1937 konnten vier Häuser bezogen werden. Die Wohnblöcke an der Leipziger Straße und am Fermersleber Weg ließen zunächst noch auf sich warten. Die dafür benötigten Darlehen stellten die Landesversicherungsanstalt und das Hospital St. Georgi zur Verfügung.[285] Infolge des Kriegsausbruches wurde das Gesamtprojekt nicht abgeschlossen. So musste 1940 die Errichtung des letzten Gebäudes „einstweilen zurückgestellt" werden.[286]

Zwei „für das Zentrum der Stadt umwälzende Bauvorhaben" sollten dem östlichen Teil der Königstraße ein anderes Aussehen geben. Im Frühjahr 1937 be-

Metropole mit „lichter" Zukunft. Magdeburg 1933 – 1945

Bild oben links:
Bau des Altersheimes an der Leipziger Straße

Bild oben rechts:
Gemeinschaftshaus im Danziger Dorf

Bild Mitte:
Arbeitsamt an der Ecke König- und Hansastraße

Bild unten:
Stabsgebäude des Reichsarbeitsdienstes

Metropole mit „lichter" Zukunft. Magdeburg 1933 – 1945

gann die Errichtung des Arbeitsamtes an der Ecke Königstraße/Hansastraße. Jedoch wurden danach die Baupläne mehrmals verändert, so dass das Gebäude erst Mitte 1939 bezogen werden konnte.[287] Im Sommer 1937 erfolgte die Grundsteinlegung des Stabsgebäudes des Reichsarbeitsdienstes im ehemaligen Ravelingarten.[288] Die Stadt hatte dafür 7.200 m² Bauland zur Verfügung gestellt.

Im Nordwesten Magdeburgs kam die Anlage des Danziger Dorfes mit dem Gemeindehaus (Danziger Vorlaubenhaus) zu einem gewissen Abschluss. Seit 1935 war nördlich der Ebendorfer Chaussee die Errichtung einer Siedlung für aufzunehmende Danziger vorbereitet worden. Ein Jahr später trafen die Ersten – auf Veranlassung der Reichsregierung hatte Magdeburg ungefähr 300 Familien unterzubringen – ein.[289] Die zunächst Ankommenden mussten in Notquartieren eingewiesen werden. Über die Hälfte der Familien fanden später im Danziger Dorf eine neue Heimat und in der Wirtschaft Lohn und Brot.

Die eingetroffenen Danziger lenkten den Blick der Magdeburger Politik immer mehr in Richtung Osten. Der Oberbürgermeister und mehrere Ratsmitglieder fuhren nach Danzig, um die Beziehungen zur Freien Reichsstadt zu intensivieren. Im Auftrage des NS-Regimes sollte auch Magdeburg einen Beitrag leisten, um bei den bevorstehenden Annexionen im Süden (Österreich) und Südosten (Tschechoslowakei) den östlichen Nachbarn Polen ruhig zu halten und ihm eine deutsche Friedensabsicht vorzugaukeln. Im August 1937 empfing man eine Delegation polnischer Kriegsveteranen. Die Gäste besuchten das Zitadellengebäude, wo 1917/1918 in einem Haus ihr späterer Marschall Tilsudski als Kriegsgefangener untergebracht gewesen war. Die Polen waren freudig überrascht, als der Oberbürgermeister ihnen das Haus, das abgebaut und nach Warschau transportiert werden sollte, schenkte. Die Ankündigung Markmanns wurde „lebhaft begrüßt als ein Zeichen der Annäherung beider Völker".[290]

Die Annexion Österreichs wusste das Regime für eine neue Welle des Chauvinismus zu nutzen. Am 12. März 1938 fand auf dem Alten Markt eine Kundgebung statt, auf der der NS-Kreisleiter und ein SA-Brigadeführer die „Heim ins Reich"-Parole bejubeln ließen.[291] Die Presse überschlug sich in der Berichterstattung. Dort hieß es in Balkenüberschriften „Mit flatternden Fahnen nach Österreich hinein" und bezogen auf Magdeburg „Eine Stadt am Lautsprecher – Fackelzug der Begeisterung."[292] Die folgenden Monate wurden zur geistigen Mobilmachung genutzt. Am 23. März 1938 marschierten die Mitglieder der NSDAP und ihrer Gliederungen auf. Die Zeitung schrieb: „Die Straßen der tausendjährigen Stadt an der Elbe sind an diesem Abend erfüllt von dem Marschtritt der Kolonnen, die von sieben Stellplätzen aus zum monumentalsten Platz der Stadt,

Mangelnder Zuhörerzuspruch bei der Kundgebung auf dem Alten Markt anlässlich der Einverleibung Österreichs

zum Domplatz marschieren."[293] Wenige Tage später hatten sich 800 „Parteijunker" auf dem Alten Markt einzufinden, und Anfang April fand eine „Treuekundgebung" auf dem Domplatz statt.[294] Gemäß der Zustimmung der Westmächte kam Anfang Oktober 1938 das Sudetengebiet in deutsche Hände. Kurze Zeit später kehrte die an der Besetzung beteiligte 13. Division in ihre Standortquartiere zurück.[295]

Mit der propagandistischen Beeinflussung der Menschen im Hinblick auf den „Tag X" ging die militärische Kriegsvorbereitung einher. Anlässlich des Tages der Wehrmacht 1938 konnten die Magdeburger die Kasernen besuchen und zum Beispiel für eine Mark Schüsse auf ein Miniaturflugzeug oder

Metropole mit „lichter" Zukunft. Magdeburg 1933 – 1945

Militärstadt Magdeburg

mit der Panzerabwehrkanone auf Papptanks abgeben.[296] In Vorbereitung des Bevölkerungsbundes zum Tag der Luftwaffe übten Rekruten der Flakkaserne Prester Militärlieder, unter anderem „Schön ist es bei den Soldaten", ein. Die Presse berichtete, in der Kaserne hätte „ein froher kameradschaftlicher Ton" geherrscht.[297]

Ein Teil des städtischen Besitzes musste der Heeresverwaltung zum Bau von Kasernen abgetreten werden. Das betraf in erster Linie Gelände an der Herrenkrugstraße/Jerichower Straße[298] und das ehemalige Fort 11 in Prester.[299] Beide Anlagen (Herrenkrugstraße die Infanterie-Kaserne; Prester die Flak-Kaserne) wurden seit 1938 durch weitere Landzukäufe erweitert und breite Zugänge geschaffen, „um eine gute Ein- und Ausfahrt der Truppe zu ermöglichen [...]"[300] Die Militärverwaltung drängte auch darauf, das Heereszugamt auf dem Kommandantenwerder durch städtischen Grund und Boden zu erweitern. Die Stadtverwaltung stimmte „trotz schwerster Bedenken" zu. In einer Stellungnahme hieß es, eigentlich sei der Verkauf „innerhalb des Rotehornparkes unerwünscht [...], lässt sich zurzeit die Abgabe städtischen Parkgeländes mit Rücksicht auf die militärischen Notwendigkeiten nicht vermeiden."[301]

Metropole mit „lichter" Zukunft. Magdeburg 1933 – 1945

Bild oben:
Vereidigung von Rekruten 1934

Bild unten:
Vereidigung in der Seeckt-Kaserne

Metropole mit „lichter" Zukunft. Magdeburg 1933 – 1945

Bild oben:
Die tagtäglichen Bilder in der Presse 1937

Bild unten links:
„Wehrertüchtigung" 1936

Bild unten rechts:
Marsch mit Gasmasken

Aufbau des Luftschutzes mit Schwierigkeiten

Der Einsatz von Fliegern im Ersten Weltkrieg und die stürmische Weiterentwicklung von Flugzeugen in den folgenden Jahrzehnten ließen in einem kommenden Krieg Luftangriffe auf das Hinterland sehr wahrscheinlich werden. Das NS-Regime stellte sich im Rahmen seiner langfristigen Kriegsvorbereitung darauf ein. Bereits im Oktober 1933 ersuchte die Ortsgruppe Magdeburg des Reichsluftschutzbundes die Stadtverwaltung um die Bereitstellung geeigneter Räume für eine Luftschutzschule.[302] Entsprechend eines Hinweises des Deutschen Gemeindetages, „müssen bei der nationalen politischen Bedeutung des Luftschutzes Luftschutzmaßnahmen für die Zivilbevölkerung nach Maßgabe der vorhandenen Mittel zu den besonders wichtigen Gemeindeaufgaben gehören". Es wurden den städtischen Bauberatungsstellen zwei neue Aufgaben zugewiesen. Alle Privatgrundstücke mussten unter dem Gesichtspunkt überprüft werden, welche Möglichkeiten für den Bau von Luftschutzräumen vorhanden sind. Gleichzeitig waren die Grundstückseigentümer zu überzeugen, in den Dachgeschossen einen schwer entflammbaren Anstrich anbringen zu lassen.[303] Anfang 1935 regte ein Gremium für Luftschutzfragen an, die Zahl der sich im Stadtgebiet befindenden 129 öffentlichen Wasserentnahmestellen zu vermehren. So konnte im „Ernstfall" die Stadt bei der Zerstörung des Hochbehälters auf dem Kroatenberg versorgt werden, weil das Wasserwerk Buckau eine direkte Verbindung mit dem Versorgungsnetz besaß.[304]

Die Verwirklichung der großsprecherischen Ankündigungen des Baues von Luftschutzanlagen für die Bevölkerung ließ jedoch auf sich warten. Beim weitestgehenden Versagen der Behörden wurde an die Selbsthilfe der Menschen appelliert. Der Oberbürgermeister schrieb in der Presse: „Der Bau von Schutzräumen ist für Magdeburg eine vordringliche Aufgabe. Die Magdeburger Bevölkerung rufe ich zu ihrer sofortigen Lösung auf."[305] Bei fehlenden Fachkräften und Baustoffen war es in vielen Fällen wenig hilfreich, dass die Stadt sechs vorschriftsmäßige Luftschutzkeller als Anschauungsobjekte ausbauen ließ. Entsprechend eines Runderlasses des Reichsministers des Innern vom September 1939 sollten in städtischen Verwaltungs-, Betriebs- und Schulgebäuden 200 Luftschutzräume eingerichtet werden. Die Stadtverwaltung musste jedoch feststellen: „Es hat sich gezeigt, dass der Ausbau der meisten Schutzräume schwieriger und umfangreicher war, als ursprünglich angenommen wurde, wodurch sich die Kosten nicht unwesentlich erhöhten, trotzdem sparsamst gebaut wurde."[306] Da Eisenträger nicht zur Verfügung standen, wurden die Luftschutzkeller mit Holz abgestützt. Selbst daran mangelte es. So musste das Holz der abgebrochenen Herrenkrugbrücke genutzt werden.[307] Bei den knappen Finanzen konzentrierten sich die öffentlichen Luftschutzbauten zunächst auf wenige Objekte. Wenn es in Bezug auf die Krankenhäuser hieß, Vorsorge zu treffen, „dass der gesamte Krankenhausbetrieb auch einmal während der Nacht im vollen Umfange in Anspruch genommen werde kann", so wurde zunächst nur die Verdunkelung der Fenster angegangen.[308]

Teilnehmer an einer Luftschutzübung

Die Einstellung der Bewohner auf den „Tag X" erfolgte durch so genannte Luftschutzübungen. In der Presse hieß es, jeder Deutsche muss im Luftschutzgebiet sein.[309] Über eine im Dezember 1938 durchgeführte Luftschutzübung wurde eingeschätzt, die Straßen wären in kurzer Zeit leer gewesen. Je näher der Kriegsausbruch rückte, desto intensiver wurden die Luftschutzmaßnahmen. In immer kürzerer Folge ordnete der Luftschutzbund Verdunkelungen an. Die Zeitung schrieb: „Die Abwehrmaßnahmen müssen lückenlos durchgeführt werden und dazu ist die Mithilfe jedes einzelnen erforderlich." Bei anfliegenden feindlichen Flugzeugen solle die Stadt im tiefen Dunkel liegen, damit für dieselben „kein zielgerichteter Bombenabwurf möglich sei."[310] Zwischen dem 24. und 31. März 1939 fanden im gesamten Regierungsbezirk Fliegeralarmübungen statt. Anfang Juli erging an die Hauseigentümer und Mieter der Aufruf zum Selbstschutz. Eine Aufklärungsaktion des Luftschutzbundes sollte „der Bevölkerung die Notwendigkeit der Beschaffung von Selbstschutzgeräten [Gasmasken, Feuerlöscher, Anlegen von Sandkästen, *M.W.*] beweisen."[311] Im August 1939 gab es mehrere Alarmübungen. Ganz Magdeburg sei im Luftschutzraum gewesen, wurde eingeschätzt. Bei Ausbruch des Krieges erfolgte die Anordnung, sich fortan „luftschutzgemäß" zu verhalten.[312]

Unter dem Damoklesschwert des Krieges

Aufmarsch motorisierter Verbände

Mitte des Jahres 1939 stand der Kriegsausbruch unmittelbar bevor. Immer mehr Menschen beschlich ein Unbehagen. Viele dachten zurück an die Blutopfer, Entbehrungen und Leiden der Jahre 1914 bis 1918. Die in der ersten Phase des Zweiten Weltkrieges errungenen Blitzsiege – gebührend propagandistisch herausgestellt – ließen jedoch derartige Befürchtungen bald verstummen. Der 1940 innerhalb weniger Wochen erreichte militärische Triumph über den Angstgegner des Ersten Weltkrieges Frankreich und die Flucht des britischen Expeditionskorps über den Kanal erweckten den Eindruck, dass der Gesamtsieg unmittelbar bevorstünde. Die Elbestädter nahmen die in Kraft gesetzte Versorgung mit lebenswichtigen Gütern auf Bezugscheinen in der Hoffnung hin, dass die nun eingeführte „Kartenabschnitts-Methode" nur von kurzer Dauer sei. Jedoch gab es Ende September 1939 neue Lebensmittelkarten. Die zu Versorgenden wurden in sechs Kategorien eingeteilt – vom Schwerarbeiter bis zum Kleinkind. Alle hatten auf verschieden große Lebensmittelrationen Anspruch. Zunächst war der Umfang der zugeteilten Nahrungsmittel zufriedenstellend. Wöchentlich konnten drei Mahlzeiten mit Fleisch zubereitet werden. Gemüse gab es reichlich. Sowohl der Großmarkt Halle Land und Stadt als auch der Wochenmarkt (Mittwoch, Sonnabend) auf dem Alten Markt fanden weiterhin statt.[313]

Metropole mit „lichter" Zukunft. Magdeburg 1933 – 1945

Artillerieregiment auf dem Domplatz

Metropole mit „lichter" Zukunft. Magdeburg 1933 – 1945

Polnische Kriegsgefangene vor dem Hauptbahnhof am Kölner Platz

Bis auf die ständige Sorge der Großeltern, Eltern und Geschwister um ihre an der Front stehenden Angehörigen schien das städtische Leben in den ersten zwei Kriegsjahren normal zu verlaufen. Die Menschen in Mitteldeutschland wogen sich in Sicherheit, zumal der Reichsminister für Luftfahrt und Oberbefehlshaber der Luftwaffe Göring großsprecherisch verkündet hatte, seinen Namen ändern zu wollen, wenn auch nur ein feindliches Flugzeug ungestraft in das Reichsgebiet einfliegen würde.[314] Diese Prophezeiung fand auch bei den Magdeburgern Widerhall, zumal die NS-Presse über die Stärke der deutschen Luftwaffe bei Angriffen auf England berichtete. Gar nicht in das Bild der Erfolgsmeldungen und der Siegeseuphorie passte das Vordringen einzelner bzw. kleinerer Gruppen britischer Flugzeuge in das Reichsgebiet. Eine am 6. Juni 1940 in den Junkers-Werken Magdeburg durchgeführte Beratung informierte die für den Luftschutz Verantwortlichen über das Einfliegen und den Bombenabwurf britischer Maschinen. Die Teilnehmer erfuhren, dass unlängst gegnerische Flugzeuge nachts in der Nähe von Stendal und Gardelegen ausgemacht worden wären, die die Absicht gehabt hätten, einen Zielangriff auf eine mitteldeutsche Stadt (Magdeburg?) zu führen, jedoch habe ein starker Rückenwind dies verhindert. An alle Anwesenden wurde appelliert, die Menschen zum Aufsuchen der Luftschutzräume zu erziehen. Auf Anordnung des Luftverteidigungs-Kommandos I mussten ab sofort in öffentlichen Gebäuden und in Betrieben ständig

Metropole mit "lichter" Zukunft. Magdeburg 1933 – 1945

Blick auf die noch unzerstörte Stadt im Juli 1941

Feuerschutzkräfte, Brandwachen sowie Sanitäter einsatzbereit sein.[315]

Am 16. Juli 1940 – nachts von 2:12 Uhr bis 2:30 Uhr – erlebten die Magdeburger den ersten Luftschutzalarm. Durch das an- und abschwellende Heulen der Sirenen – bei vielen Menschen löste der gellende Ton in den folgenden Jahren eine Angstpsychose aus – aus dem tiefsten Schlaf gerissen, hasteten sie in die Keller- und Luftschutzräume. Aber alles ging gut, die Elbestadt war nicht Zielobjekt gewesen. Als sich die nächtlichen Luftalarme wiederholten, jedoch nichts geschah, stellte sich bei vielen Bürgern Sorglosigkeit ein.

Über einen Monat später wurde es dann Ernst: In der Nacht vom 21. zum 22. August warfen zehn britische Flugzeuge die ersten Bomben. Getroffen wurden Wohnhäuser in der Sudenburg (Otterslebener Straße, Jordanstraße), Gleise und rollendes Material im Bahnhofsbereich Magdeburg-Sudenburg, der Schlachthof, die „Halle Land und Stadt". Die ersten Luftkriegstoten waren zu beklagen – drei Menschen starben, sieben erlitten Verletzungen.[316] Die „Magdeburger Zeitung", die auf der Titelseite wieder die verheerenden deutschen Luftangriffe auf Südengland feierte, bezeichnete die britischen Bomben als „Beweis ihrer skrupellosen Kriegsführung" und als „feigen englischen Überfall auf die Zivilbevölkerung".[317]

Metropole mit „lichter" Zukunft. Magdeburg 1933 – 1945

Wenn sich auch Menschenverluste und materielle Schäden in Grenzen gehalten hatten, so wirkte das erste Bombardement auf viele Magdeburger ernüchternd und desillusionierend. Ihnen wurde bewusst, dass entgegen den Behauptungen der NS-Propaganda die britische Luftwaffe existierte, nun die deutschen Bombenabwürfe mit Angriffen beantwortete und von der Luftverteidigung nicht am Vordringen in das Zentrum des Reiches gehindert werden konnte. Auch die Bürger Magdeburgs hatten mit weiteren Luftangriffen zu rechnen!
Am 16. Dezember 1940 erfolgte der zweite Angriff. Ungefähr 25 Flieger warfen 100 Bomben auf das Krupp-Werk, Wohngebiete in Buckau und der Neuen Neustadt sowie auf Eisenbahnanlagen in Magdeburg-Salbke.[318] Im Jahr 1941 erlebte die Stadt zwei Bombardements. Ein Flugzeug traf am 18. April mit fünf Sprengbomben und 100 Stabbrandbomben die Altstadt (so zum Beispiel Braunehirschstraße, Beaumontstraße, Venedischestraße) und 15 Maschinen am 13. August Wohngebiete im Westernplan.[319] Bei den Angriffen fanden 28 Bürger den Tod, 84 Magdeburger wurden verletzt und 310 Personen obdachlos. Im Sommer 1941 endete die erste Etappe der Luftangriffe auf die Stadt.

Metropole mit „lichter" Zukunft. Magdeburg 1933 – 1945

Jahre trügerischer Ruhe

Bunker im Nordpark

Als ab 1941 weitere Luftangriffe ausblieben, der Krieg an entfernten Fronten tobte, legte sich über die Stadt eine trügerische Ruhe. Bei den Menschen nahm das normale Alltagsleben wieder seinen Lauf. Das luftschutzgemäße Verhalten trat in den Hintergrund. Ein Magdeburger hielt in seinem Tagebuch fest: „Jetzt ist mancher schon ziemlich dreist und bleibt ruhig im Bett, wenn die Sirene heult."[320] Mit dem Ende März 1942 erfolgten Angriff auf Lübeck begann der eigentliche britische Bombenkrieg. Ihm folgten die schweren Bombardements west- und norddeutscher Städte. In einem Schreiben des Oberpräsidenten der Provinz Sachsen an die Stadtverwaltung von Ende September 1942 wurde darauf hingewiesen, dass auch der mitteldeutsche Raum mit Großangriffen rechnen müsse.[321]

Magdeburg mit der engen Bebauung der Innenstadt war eine der luftkriegsgefährdetsten deutschen Großstädte. Als am 10. Oktober 1940 Hitler ein Sofortprogramm für weitere Luftschutzbauten angeordnet hatte, gehörte die Elbestadt zu den Orten, in denen „bombensichere Bunker" zu errichten waren. In der ersten Etappe des so genannten Bunkerbauprogramms (Ende 1940 bis Mitte 1941) entstanden zehn Bunker, u. a. der Pfeilerbunker an der Stromelbe, Hochbauten am ehemaligen Friedrichsbad und am Nordfriedhof, Bunker am Nikolaiplatz, am Stadttheater und am Körnerplatz.[322] Auf einer Beratung der Stadtverwaltung Ende Juli 1941, wo man über den Beginn des zweiten Abschnitts des Bunkerbauprogramms Beschlüsse fassen wollte –

so waren vier mehrgeschossige Hochbunker mit je 1.000 Liegeplätzen geplant – musste Stadtbaurat Götsch informieren, dass keine weiteren Bunker gebaut würden und die Arbeitskräfte – in erster Linie Kriegsgefangene – bei der Anlage von Splittergräben einzusetzen seien.[323] Mit insgesamt 13 Bunkern (in diese Zahl waren die bombensicheren Operationsbunker in den Krankenhäusern Sudenburg und Altstadt sowie in der Landesfrauenklinik einbezogen), die nicht einmal zwei Prozent der Wohnbevölkerung aufnehmen konnten – am 31. März 1941 hatte die Stadt 341.000 Einwohner[324] – gehörte Magdeburg zu den am schlechtesten mit bombensicheren Schutzräumen bedachten Großstädten.[325]

Das von den britischen Bombern praktizierte Ausbrennen der Stadtzentren und der damit verbundene Ausfall der Wasserversorgung hatte die Anlage von Feuerlöschteichen unumgänglich gemacht. So wurden im Luftschutzort Magdeburg 17 unterirdische Wasserbassins und zehn Löschteiche angelegt. Dabei waren entsprechende Anlagen in den Großbetrieben nicht mit erfasst, die Ende 1942 in das Eigentum der Stadt übergingen. Vier Löschteiche wurden als Badeanstalten genutzt.[326] Um den immer spürbarer werdenden Personalmangel mildern zu können, wurden seit 1943 Frauen zwischen dem 17. und 40. Lebensjahr den Löschbereitschaften der Feuerwehr zugeordnet. Außerdem bestand eine Feuerwehr der Hitlerjugend mit vier Löschzügen. Die städtische Luftschutzleitung verfügte über drei Instandsetzungsbereitschaften, zwei Sanitätsbereitschaften, zehn Rettungsstellen und einem Entgiftungszug. Einschließlich der Feuerwehr belief sich der Personalbestand auf 1.600 Personen, darunter ausländische Arbeitskräfte.[327]

Die Luftverteidigung des Magdeburger Raumes gehörte zum Luftgaukommando III. Dasselbe und die bei Kriegsausbruch in Schwerpunktbereichen gebildeten Luftverteidigungskommandos befehligten und koordinierten den Einsatz der militärischen Einheiten der Luftabwehr – die Jagdfliegergeschwader und die Flakartillerie. Zum Schutz der Hauptstadt Berlin und wichtiger militärischer Anlagen und Rüstungszentren war der Luftgau III im Vergleich mit anderen Luftgauen sehr gut mit Flakbatterien bestückt. Bereits vor dem Kriege wurde in der neu erbauten Kasernenanlage Magdeburg-Prester das Flak-Regiment Nr. 52 stationiert und begonnen, die Stadt mit einem Gürtel von Flakstellungen zu umgeben. Entsprechend dem Prinzip der Objektverteidigung hatte die Flak in erster Linie die Aufgabe, die Rüstungsindustrie, militärische Einrichtungen und wichtige Verkehrsbauten (Schiffshebewerk) abzusichern. So konzentrierten sich die Flakstellungen vor allem auf den Norden (Industriegelände mit Brabag und Zinkhütte, Junkerswerke) und den Südosten (Großbetriebe in Buckau und Salbke) der Stadt. Wichtige Standorte von Flakbatterien (vier bis sechs Geschütze) im

Flakhelfer Kowalke (Mitte) am Geschütz

Norden befanden sich auf dem Weinberg bei Hohenwarthe (Großbatterie), bei Barleben, Wolmirstedt/Elbeu, an der Ebendorfer Chaussee und im Westen (Eisenbahnbatterie) am Umspannwerk Diesdorf. Im Süden standen Flakgeschütze am Aschenberg, beim Krupp-Werk, bei Sohlen und Lemsdorf. Östlich der Elbe waren Flakbatterien am Zipkeleber Weg, am Klusdamm und der Kreuzhorst stationiert. Sie sollten sowohl die Industriewerke in Buckau und Südost als auch die Militärobjekte, vor allem die großen Kasernenanlagen in Brückfeld, Prester, in der Friedrichstadt und am Herrenkrug abschirmen. Der bei Gerwisch aufgestellten schweren Flak auf Eisenbahnwaggons war die Aufgabe zugedacht, dem Industriegelände vom Osten oder auch dem

Flugplatz Heyrothsberge, dem Munitionslager Gerwisch und der Panzerreparaturwerkstatt Königsborn Schutz zu geben. Um Flugzeuge nachts erfassen zu können, wurden Scheinwerferbatterien installiert. In Heyrothsberge, bei Burg und Zerbst waren Jagdflugzeuge stationiert.

In den Jahren offensichtlicher Ruhe lebten die meisten Magdeburger zwischen Hangen und Bangen. Bei den fast täglichen Fliegeralarmen fürchteten viele das Schlimmste. Andererseits klammerte man sich an jeden Hoffnungsschimmer. Die unsinnigsten Meinungen und Gerüchte schwirrten durch die Stadt, wurden hinter vorgehaltener Hand weitererzählt. In Unkenntnis über die neue britische Funkmesstechnik, die es dem Leitflugzeug ermöglichte, auf einem Radarschirm das Oberflächenrelief der unter ihm liegenden Landschaft exakt zu erfassen[328], glaubten viele Menschen, Magdeburg hätte durch die vielen abendlichen und nächtlichen Elbnebel einen sicheren Schutz. Alle Wunschträume und Hoffnungen entbehrten jeder Grundlage. In Wirklichkeit bildete bei den britischen Planungen der Einäscherung und Zerstörung deutscher Städte Magdeburg von Anfang an eine feste Größe.[329] Als im Ergebnis einer Aussprache im britischen Kriegskabinett am 7. April 1942 eine Aufstellung von Städten, gegen die Flächenangriffe geplant waren, angefertigt wurde, stand Magdeburg auf dem zweiten Platz. Im Sommer 1942 wurde die Elbestadt der ersten Gruppe der einzuäschernden Städte zugeordnet. Magdeburgs Schicksal war nur noch eine Frage der Zeit.

Metropole mit „lichter" Zukunft. Magdeburg 1933 – 1945

Im Fadenkreuz der alliierten Bomber

Nachdem am 20. Oktober 1943 britische Flugzeuge Leipzig angegriffen hatten und fast einen Monat später die „Combined Bomber Offensive" gegen Berlin (Battle of Berlin) begann, musste eine Bomberoffensive gegen Mitteldeutschland befürchtet werden. Höchste Alarmstufe war nun auch für Magdeburg angesagt! Am 21. Januar 1944 war es soweit.[330] Um 22:28 Uhr begannen die Sirenen zu heulen. 648 britische Bomber, die zunächst einen Angriff auf Berlin vorgetäuscht hatten, waren im Raum Brandenburg mit veränderter Flugrichtung auf die Elbestadt eingeschwenkt. Der Stadt drohte das Schlimmste. Zum Hier wurden 23 Kleinstädte und Dörfer in Mitleidenschaft gezogen.[332]

Obwohl das Inferno den Magdeburgern noch einmal erspart geblieben war, gab es bedeutende personelle Verluste und materielle Schäden. 120 Tote und 400 Verletzte waren zu beklagen, über 1.000 Bürger verloren die Wohnung. Von der Neustadt bis zur Sudenburg hatte es vor allem an der östlichen und südlichen Peripherie Treffer gegeben. Bomben trafen die Pfeifferschen Stiftungen, die Flakkaserne, die Aktienbrauerei, das Umspannwerk, das Wasserwerk

Glück herrschte ein scharfer, ständig zwischen West und Nordwest drehender, böig auffrischender Wind, der, ehe die in Abständen über dem Zielgebiet ankommenden Bomberformationen ihre todbringende Last abwerfen konnten, die gesetzten Angriffszeichen und Aufhellungskörper („Weihnachtsbäume") vom innerstädtischen Häusermeer in östlicher und südöstlicher Richtung auseinander getrieben hatte. In einem Bericht lesen wir: „Der im Verlauf des Angriffs zum Sturm anschwellende Wind trieb die Zielmarkierungsbomben weit ab."[331] So kam kein Flächenbombardement mit anschließendem Feuersturm zustande. Die meisten Bomben fielen in die wasserreiche Elbauenlandschaft und in die Wälder und Gemarkungen im Osten und Süden der Stadt.

Buckau. Am Domplatz brannte das Naturkundliche Museum aus, zwei Regierungsgebäude trugen Schäden davon, Fenster des Domes zerbrachen. Zwölf Industrieunternehmen meldeten Zerstörungen.[333]
Der Januarangriff hinterließ bei den Bürgern eine große moralische Wirkung. Viele waren über das nun direkte Erleben des Krieges und seiner Folgen schockiert. Auch unter dem Eindruck der ständigen Hiobsbotschaften von den Fronten verschlechterte sich die Stimmung in der Bevölkerung mehr und mehr. Unmittelbar nach dem Angriff wurden Maßnahmen eingeleitet, um die Evakuierung von Frauen mit Kindern, von Schülern und Teilen der nicht berufstätigen Bevölkerung aus der Stadt zu beschleunigen. Alle Bürger, die aus Gründen der Arbeit und des

Bild links:
Bombentreffer auf die Kreuzdrogerie in der Annastraße

Bild rechts:
Evakuierung von Teilen der Bevölkerung

Metropole mit „lichter" Zukunft. Magdeburg 1933 – 1945

Bombeneinschlag im Gesellschaftshaus am Kloster-Berge-Garten (September 1944)

Luftschutzes in der Stadt bleiben mussten, erhielten einen gesonderten Ausweis.[334]

Mit dem Jahresbeginn 1944 kam die Elbestadt erstmalig in das Visier der 8. Luftflotte der US Air Force. In der so genannten „Big Week" (20. – 25.2.) führten die amerikanischen Bomber einen langfristig geplanten Hauptschlag gegen die deutsche Luftrüstungsindustrie. Im Rahmen dieser Aktion erfolgte am 22. Februar der erste Tagesangriff auf Magdeburg. 16 B17-Bomber warfen Spreng- und wenige Brandbomben auf den Ostteil der Stadt. Es ist anzunehmen, dass der Verband das eigentliche Ziel, die Junkers Flugzeug- und Motorenwerke in der Neustadt, verfehlt hatte.

Nach über drei Monaten Ruhe – die Bomberflotten hatten sich in Vorbereitung der Landung der Westalliierten in Frankreich vorrangig auf Ziele in Nordwesteuropa konzentriert – flogen die Amerikaner von Ende Mai bis Anfang Oktober weitere neun Angriffe gegen Magdeburg, die sich entsprechend ihrer Zielsetzung in drei Gruppen unterteilen lassen. Schwerpunkte der ersten drei Bombardements bildeten die Großunternehmen im Norden und Wehrmachtsanlagen östlich der Elbe. Zivile Objekte – mit Ausnahme des Krankenhauses Sudenburg – blieben weitgehend verschont. In einem Bericht des Rüstungskommandos Magdeburg über den Angriff von 55 B-17 am 28. Mai 1944 hieß es: „In den Mittagsstunden erfolgte ein Luftangriff auf Brabag.

Metropole mit „lichter" Zukunft. Magdeburg 1933 – 1945

Bild oben:
Brand auf dem Bahnhofsgelände

Bild unten:
Bombentreffer in Buckau

Metropole mit „lichter" Zukunft. Magdeburg 1933 – 1945

Metropole mit „lichter" Zukunft. Magdeburg 1933 – 1945

Ferner wurden betroffen: Giesche's Erben, Elektro-Kraftwerk, Großgaserei […] Gleichzeitig erfolgte ein Angriff auf das Heereszeugpanzeramt Königsborn und den Fliegerhorst Magdeburg-Ost. Der Angriff auf die Brabag führte zu einer vollständigen Stilllegung des Werkes."[335]

Seit Sommer 1944 wurde von dem NS-Regime verstärkt der Grundsatz „Wir helfen uns selbst" propagiert. Wie es in einem Merkblatt hieß, war nach einem Angriff die wichtigste Aufgabe der „systematische Wiederaufbau des gesamten Betriebsorganismus." An die Betriebsangehörigen wurde appelliert: „Es wird weitergearbeitet – jeder wird gebraucht – jeder hat schnellstens zu kommen – wir lassen uns nicht erschüttern."[336]

Die zweite Angriffsetappe begann am 5. August 1944. Um die Mittagszeit erschienen 179 „Fliegende Festungen" über der Elbestadt, um die Junkerswerke, die Unternehmen Krupp, Louis Strube, Schäffer & Budenberg zu bombardieren.[337] Trotz der guten Sichtverhältnisse wurden auch Wohngebiete schwer getroffen. Der Angriff war der zweitverlustreichste aller Bombardements auf Magdeburg – 683 Bürger starben, 881 Personen wurden verletzt. Lähmendes Entsetzen ergriff große Teile der Bevölkerung.
Bereits am 16. August fielen Bomben vor allem auf die Neustadt. Mit drei Bombardements im September und einem im Oktober setzten die Amerikaner die Angriffsserie fort. Dabei war offensichtlich, dass neben den Rüstungsbetrieben jetzt ganz gezielt Wohn-

Zwangsarbeiter und Kriegsgefangene bei Aufräumungsarbeiten nach einem Bombenangriff

Seite 106
Bild oben:
Schäden am Gruson-Gewächshaus

Bild unten:
Eingangsgebäude des zerstörten Zirkus'

Metropole mit „lichter" Zukunft. Magdeburg 1933 – 1945

Bombeneinschlag in die Johanniskirche

ment der 381 „Fliegenden Festungen" diesmal ganz gezielt dem Zentrum. Die Katharinenkirche brannte, drei Treffer zerstörten das Dach der Johanniskirche und brachten große Teile des Gewölbes zum Einsturz. Die Jakobikirche und die Sebastiankirche erlitten Schäden. Das Kloster Unser Lieben Frauen, „der schönste Fleck in Magdeburg",338 wurde – wie ein Bürger traurig vermerkte – stark in Mitleidenschaft gezogen. Der Domplatz blieb ebenfalls nicht verschont. Auch der Dom, der bereits am 12. September durch einen Sprengbombentreffer im Mittelschiff gezeichnet war und das Zeughausmuseum nahmen Schaden. In die Front der unersetzlichen Barockhäuser am Breiten Weg und auf dem Alten Markt wurden die ersten Lücken gerissen. Die NS-Presse versuchte in den folgenden Tagen die gedrückte Stimmung der Bevölkerung zu heben. Neben Durchhalteparolen wie „Unsere Mauern können brechen, aber unsere Herzen nicht", sollten vor allem die Belegschaften der Rüstungsbetriebe zu neuen Leistungen angespornt werden. Die Magdeburger erhielten eine „Sonderzuteilung", und zwar die Erwachsenen 50 g Bohnenkaffee, eine halbe Flasche Trinkbranntwein, zehn Zigaretten, die Jugendlichen und Kinder 125 g Süßwaren.339

Nach den 11 Angriffen – 1.966 Flugzeuge hatten 5.714 t Bomben abgeworfen, darunter den schweren und verlustreichen vom 5. August und 28. September – waren den Magdeburgern Krieg, Tod und Zerstörung allgegenwärtig. 1.658 Bürger hatten das Leben verloren, 2.882 Menschen Verletzungen erlitten und ungefähr 40.000 Elbestädter Wohnung, Haus und Hof eingebüßt.340 Der Stadt waren tiefe Wunden geschlagen, aber noch stand sie!

Die öffentlichen Trauerfeiern für die Bombentoten wurden von Angriff zu Angriff mehr zur Routine. Hatte die Gedenkfeier nach dem Bombardement vom 21. Januar 1944 noch in der Stadthalle stattgefunden, so wurde sie für die Toten am 28. Mai auf dem Alten Markt durchgeführt. Bei der Ankündigung der Ehrung der Toten vom 20. Juni in der Aula einer Schule musste bereits vermerkt werden, dass die Zusammenkunft bei Fliegeralarm eine Stunde nach der Entwarnung stattfände.341

viertel mit Bomben belegt wurden. Angriffe am 11. September – der zweite Nachtangriff im Jahre 1944 – und am 12. September galten Teilen der Stadt, die bisher kaum Schäden zu beklagen hatten. So rissen Bomben empfindliche Lücken in die Häuserfronten der Wilhelmstadt. Auch die Ausstellungshallen im Rotehornpark, Gebäude im Kleinen Stadtmarsch, auf dem Werder und in Cracau wurden getroffen. An der Leipziger Straße – u. a. das Krankenhaus Sudenburg – waren Menschenverluste und Zerstörungen zu beklagen.

Der 28. September leitete eine neue Etappe im Angriffsgeschehen ein. War bis dahin die Altstadt weitgehend verschont geblieben, so galt das Bombarde-

Das Inferno am 16. Januar 1945

Zerstörungen auf dem Breiten Weg 1944

Nach den seit Oktober 1944 ausgebliebenen weiteren Luftangriffen keimte bei vielen Magdeburgern die Hoffnung, das Kriegsende unbeschadet erleben zu können. In der Stadt brodelte wieder einmal die Gerüchteküche. So wurde gemunkelt, die Engländer hätten vor, nach dem Sieg Magdeburg zum Besatzungs- und Verwaltungszentrum machen zu wollen.[342] Die Planungen der britischen und amerikanischen Stäbe der Bomberkommandos sahen jedoch anders aus! In einer vom britischen Luftmarschall Harris Anfang November seiner Regierung vorgelegten Liste deutscher Städte, die noch zerstört werden sollten, stand Magdeburg an erster Stelle.[343] Das wohl vor allem darum, weil der Elbestadt auf Grund ihrer zentralen Lage als wichtiger Verkehrsknotenpunkt bei der Umgruppierung von Wehrmachtseinheiten und als eine noch halbwegs intakte Rüstungsproduktionsstätte eine zunehmende Bedeutung in der letzten Etappe des Krieges zukam.

Um einen vernichtenden Schlag zu führen, koordinierten die beiden westalliierten Bomberstäbe ihre Angriffsplanungen. Am 16. Januar gab es in Magdeburg um 11:00 Uhr zum 13. Male im neuen Jahr Fliegeralarm. Bei guten meteorologischen Bedingungen – wolkenloser Himmel, klares Wetter, Windstille, leichter Frost – erschienen 122 B-24.[344] Ohne auf nennenswerte Gegenwehr zu stoßen, belegten sie das Krupp-Gruson-Werk, die Junkerswerke, das Industriegelände und die sie umgebenden

Metropole mit „lichter" Zukunft. Magdeburg 1933 – 1945

Bombenteppich auf dem Gelände der Großgaserei nach dem Tagesangriff der US-Air-Force am 16. Januar 1945

Wohngebiete mit Bomben. Die Zerstörungen waren beträchtlich. Im Norden und Süden der Stadt kam es zu Bränden. Vor allem in der Nordfront gab es Bevölkerungsverluste und schwere Gebäudeschäden. Viele der ausgemergelten und erschöpften Menschen glaubten, die Stadt und ihre Bewohner hätten mit dem Bombardement das „Todesopfer" für den Tag gebracht. Kaum jemand sorgte sich um die kommenden Stunden, denn mehrere Monate war Magdeburg nicht mehr nachts angegriffen worden.

Zu dem Zeitpunkt, als die amerikanischen Flugzeuge ihre tödliche Last über der Neustadt und über Buckau ausklinkten, hatte jedoch die Royal Air Force Order erhalten, Vorbereitungen für einen Angriff zu treffen.[345] Die an diesem Abend gestartete gesamte britische Bomberstreitmacht war von der deutschen Luftabwehr hinsichtlich ihrer Stärke und Zielrichtung nicht auszumachen, da englische Störflugzeuge die deutsche Radarerfassung teilweise außer Kraft gesetzt und sie so daran gehindert hatte, die Routen der Bomber zu bestimmen. Damit wurde die deutsche Luftabwehr im Unklaren über das eigentliche Hauptangriffsziel gelassen. Dasselbe wurde im Ruhrgebiet vermutet. Daher erhielten auch in Norddeutschland stationierte Nachtjäger Order, die Nachtjagdgruppen des Ruhrgebietes zu verstärken. Auf ihrem Flug dorthin stießen sie im Raum Hannover zufällig auf einen starken britischen Bomberverband, der aus 320 Halifaxes, 44 Lancaster und sieben Mosquitos bestand,

Metropole mit „lichter" Zukunft. Magdeburg 1933 – 1945

aus dem sie zehn Halifaxes abschossen. Der sich über Dutzende Kilometer hinziehende Bomberstrom war zu diesem Zeitpunkt von der Luftverteidigung nicht geortet worden. Erst als die Flugzeuge den Raum Fallersleben/Gardelegen überflogen und in Richtung Süden abschwenkten, begriff man in der Führungszentrale der Luftverteidigung in Döberitz und im Dessauer Gauleiter-Gefechtsstand „Höchste Gefahr für Magdeburg". Die Luftschutzleitung in der Elbestadt funkte wenig später aus dem Bunker am Nordpark: „SOS – Großangriff auf Magdeburg – Hilfe!" Mit dem Aufheulen der Sirenen erreichten die britischen Maschinen bereits den Zielort.

Um 21:23 Uhr überflogen mehrere Lancaster die Stadt und warfen tonnenweise Stanniolstreifen ab, die die Funkmeßstrahlen der radargeleiteten Flakabwehr reflektierten und ihr so ein Zielen unmöglich machten. Drei Minuten danach setzten weitere Flugzeuge Leuchtbomben. Augenblicklich war die gesamte Innenstadt durch die so genannten Weihnachtsbäume in taghelles Magnesiumlicht getaucht. Kurz darauf erreichten der Masterbomber und Sichtmarkierer Magdeburg. Der Masterbomber hatte die Aufgabe, den Angriff zu führen. Die Sichtmarkierer steckten bei der guten Ausleuchtung der Stadt mit roten und grünen Leuchtbomben über der Altstadt den Angriffssektor ab. Erst jetzt wurde in der Stadt Luftalarm ausgelöst.

Ab 21:32 Uhr begann in mehreren Angriffswellen das Flächenbombardement.[346] Es dauerte 36 Minuten. Luftminen und Sprengbomben rissen die Häuser auf, ihnen folgten Brandbomben. 1.050 t Bomben, davon 60 Prozent Brandbomben, verwandelten die Altstadt, die Nordfront und Teile der Alten Neustadt – ein Gebiet von über vier Quadratkilometer – im Nu in ein einziges Flammenmeer. Auch Teile der Wilhelmstadt brannten. Bis zu 70 Kilometer weit bebte bei dem Bombardement die Erde. Der Schein der brennenden Stadt wurde von den britischen Flugzeugbesatzungen beim Rückflug noch hinter dem Rhein in einer Entfernung von mehr als 370 Kilometern gesehen.

Die Menschen waren von dem Angriff völlig überrascht worden, zumal das Auslösen des Luftalarms und der Beginn des Bombardements zeitlich zusammenfielen.[347] Viele stürzten in Nachtkleidung oder halb angezogen in die Keller. Andere hasteten noch durch die Straßen, als die ersten Luftminen fielen. Die Druckwellen zerrissen ihnen die Lungen, oder sie wurden durch Bombensplitter getötet. Die wenigen Bunker waren schnell überfüllt und mussten geschlossen werden. Hunderte begehrten noch Einlass. So konnten nach dem Angriff die Türen des Bunkers an der Jakobikirche wegen der davor liegenden Toten nicht geöffnet werden. Besonders im Zentrum des Angriffs war die Hölle los. Vielen schauderte nach dem Bombardement bei dem Gedanken, nun aus den Kellern ins Freie zu kommen. Wo zu lange

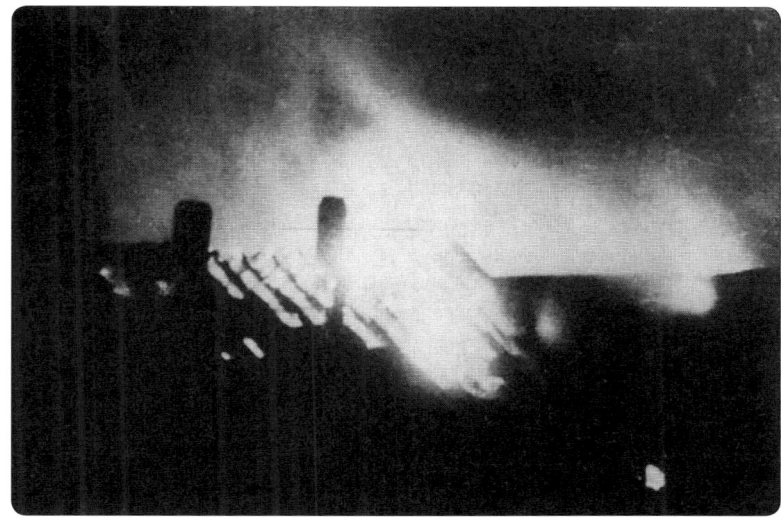

gezaudert worden war, fiel es schwer, bei dem sich durch das Runterbrennen der Häuser immer mehr entfachenden Feuersturm in Sicherheit zu gelangen. Die unter nassen Wolldecken den Lauf um ihr Leben wagten, wurden durch den starken Sog der Flammen umgeworfen oder in der unerträglichen Hitze ohnmächtig. Sie starben unter herabfallenden Balken, Dachteilen, Fenstern und blieben mit den Füßen im heißen, breiig gewordenen Asphalt des Straßenbelages kleben. Diejenigen, die beim Anblick des Flammenorkans in die Keller zurückgetaumelt waren, wurden vom Ersticken bedroht. Vor allem dort kamen die Menschen um, wo aus glimmenden Kohlevorräten entstandenes Kohlenmonoxid entströmte. Der durch den Feuersturm bedingte star-

Stabbrandbomben setzten die Dächer der Häuser in Brand

Metropole mit „lichter" Zukunft. Magdeburg 1933 – 1945

Bild oben:
Hilfstrupps versuchen während der Brände Verschüttete zu retten

Bild Mitte:
Fieberhaftes Bemühen um Verschüttete

Bild unten:
Verzweifelte Suche der Bergungstrupps nach Überlebenden

Metropole mit „lichter" Zukunft. Magdeburg 1933 – 1945

Bild oben:
Bergarbeiter aus Unseburg bergen Tote aus den Kellern auf dem Breiten Weg

Bild Mitte:
Soldaten bei der Bergung der Leichen in der beengten Altstadt

Bild unten:
Erstickte Kinder, die aus den Kellern geborgen wurden

Metropole mit „lichter" Zukunft. Magdeburg 1933 – 1945

Bild oben:
Geborgene Opfer

Bild Mitte:
Suche eines
Fronturlaubers
nach Angehörigen

Bild unten:
Erste Versorgung
von Ausgebombten

ke Sauerstoffverbrauch und die Rauchentwicklung verringerten in vielen Kellern die Luftzufuhr immer mehr. Die Menschen erstickten.

In den engen Gassen der Altstadt bewährten sich die angelegten Durchbrüche der Brandmauern. So konnten Hunderte trotz verschütteter Kellerausgänge, trotz des immer mehr um sich greifenden Feuers und der großen Hitze auf den Straßen oft nach langem Suchen aus dem Kellergewirr entkommen. Sie gelangten am Elbufer, dem Domplatz, dem Nordpark, am Luisengarten, Schroteplatz und dem Glacis ins Freie. Wer bis dorthin nicht durchkam, harrte auf halbwegs sicheren „Überlebensinseln" im Zentrum – beispielsweise in der Ruine der bereits 1944 zerstörten Katharinenkirche, auf dem Bahnhofsvorplatz in der Nähe der Feuerwache – aus.

Die „lichte" Perspektive, die Oberbürgermeister Markmann der traditionsreichen Elbestadt bei seinem Amtsantritt 1933 prophezeit hatte, war nun bittere Wahrheit geworden. Magdeburg war zerstört, kulturhistorisch wertvolle Bauten und Straßenzüge, so der Alte Markt und der Breite Weg, für immer vernichtet. Das Bombardement vom 16. Januar 1945 gehört zu den zwanzig schwersten und verlustreichsten, die englische und amerikanische Flugzeuge während des zweiten Weltkrieges gegen deutsche Städte geflogen sind. Über die Zahl der Menschenopfer gab es jahrzehntelang keine Klarheit. Bereits in den ersten Tagen und Wochen nach dem Angriff war von 16.000 Toten die Rede. Das Statistische Jahrbuch des Rates der Stadt aus dem Jahre 1946 nennt ungefähr 6.000 Tote. Mitte der achtziger Jahre ermittelte der Journalist Rudi Hartwig aufgrund von Recherchen eine Zahl von 2.700 Personen.[348] Ein im National-Archiv Washington aufbewahrter Bericht des örtlichen Luftschutzleiters der Stadt Magdeburg vom 5. März 1945 über den Januar-Angriff nennt 1.930 Tote, darunter 67 Ausländer.[349] Diese Angabe wurde durch spätere Untersuchungen des Heimatforschers Wolfgang Böttger bestätigt. In gründlicher Kleinarbeit hatte er für die in Gemeinschaftsgräbern Magdeburger Friedhöfe bestatteten Toten des 16. Januar 1945 1.631 Eintragungen gefunden. Wenn man die Einzelbestattungen hinzuzählt, sollte die Zahl der Opfer um 2.000 Personen betragen.

Mit dem Feuersturm am 16. Januar 1945 war für die Elbestadt die Leidenszeit nicht zu Ende. Weitere Bombardements ließen die Menschen bis April noch schwere Prüfungen bestehen.

Die „Trauernde Magdeburgia" in der zerstörten Johanniskirche

Metropole mit „lichter" Zukunft. Magdeburg 1933 – 1945

Das war Magdeburg!

Metropole mit „lichter" Zukunft. Magdeburg 1933 – 1945

Ruinenlandschaft,
im Hintergrund die
Ulrichskirche

Metropole mit „lichter" Zukunft. Magdeburg 1933 – 1945

Der Breite Weg, hinten links die Hauptpost

Metropole mit „lichter" Zukunft. Magdeburg 1933 – 1945

Metropole mit „lichter" Zukunft. Magdeburg 1933 – 1945

Eine Maschinenhalle
der Magdeburger
Großindustrie

Metropole mit „lichter" Zukunft. Magdeburg 1933 – 1945

Endgültige Vernichtung der Brabag am 2. März 1945

Metropole mit „lichter" Zukunft. Magdeburg 1933 – 1945

Das Trümmerfeld
der Altstadt,
im Vordergrund die
Ruine des Stadttheaters

Metropole mit „lichter" Zukunft. Magdeburg 1933 – 1945

Ruinenlandschaft
der Jakobstraße mit
Jakobikirche (oben)

Metropole mit „lichter" Zukunft. Magdeburg 1933 – 1945

Blick auf den Dom
und das Kloster
Unser Lieben Frauen

Metropole mit „lichter" Zukunft. Magdeburg 1933 – 1945

„Festung Magdeburg"

Ende 1944 trat der Krieg in seine Endphase.[350] Um den Jahreswechsel hatten sowohl im Westen als auch im Osten die alliierten Streitkräfte deutsches Staatsgebiet betreten. Mitte Januar 1945 spitzte sich die militärische Lage im Osten dramatisch zu, da die Wehrmacht nicht mehr in der Lage war, der Offensive der sowjetischen Truppen standzuhalten. Bis zum Monatsende drangen die Rotarmisten zur Oder vor und errichteten auf deren Westufer die ersten Brückenköpfe. Damit war die Ostfront auf ungefähr 200 Kilometer an Magdeburg herangerückt. Nun versuchten die NS-Verantwortlichen im Gau Magdeburg-Anhalt, die Menschen propagandistisch auf die neuen Gegebenheiten einzustellen. So zeichnete der Gauleiter und Reichsverteidigungskommissar Jordan Anfang Februar auf einer Arbeitstagung des politischen Führungskorps des Gaues „ein rückhaltloses, klares Bild der durch die bolschewistische Generaloffensive geschaffenen Lage, der wir mit klarem Kopf und eisernen Nerven begegnen."[351]

Im März 1945 wurde Magdeburg zur Festung erklärt und Generalleutnant Adolf Raegener, der bereits in Warschau und Küstrin Erfahrungen bei der, wenn auch vergeblichen, Stadtverteidigung gesammelt hatte, als Kriegskommandant eingesetzt. Seine Berufung unterstrich, welche militärstrategische Bedeutung die NS-Führung der Elbestadt in der Endphase des Krieges beimaß. Dem Stadtkommandanten wurden der Volkssturm, die Einheiten des Reichsarbeitsdiens-

Gauleiter und Reichsverteidigungskommissar Jordan versucht die Verteidigungskraft der Bevölkerung zu stärken, Februar 1945

Metropole mit „lichter" Zukunft. Magdeburg 1933 – 1945

Registrierung für den Volkssturm in einer Magdeburger Erfassungsstelle, 1944

tes und die Hitlerjugend unterstellt. Gemäß einem Hitlererlass vom September 1944 war vom Gauleiter angewiesen worden, über die Ortsgruppen der NSDAP alle waffenfähigen Männer im Alter von 16 bis 60 Jahren zu erfassen. Die Registrierung hatte Ende Oktober 1944 stattgefunden.

Im März 1945 befahl Raegener, die im Monat zuvor begonnene Befestigung der Stadt zu beschleunigen. Das geschah vorrangig in den ostelbischen Stadtteilen.[352] Es wurden umfangreiche Schanzarbeiten durchgeführt und 28 Panzersperren gebaut. Diese waren zum Teil 60 Meter lang und bestanden aus Steinen, Eisenträgern, ausgebrannten Fahrzeugen, Eisenbahnwaggons und Straßenbahnen. Für die Verteidigung der wichtigen Elbübergänge und der halbwegs noch intakten Rüstungsindustrie stand dem Kommandanten nur ein schmales Kontingent an Menschen und Bewaffnung zur Verfügung: das 48. und 49. Festungsregiment mit je zwei Bataillonen; das 4. Pionier-Bataillon mit zwei Marschkompanien und einer Genesungskompanie (ungefähr 600 Mann); das 704. Landesschützenbataillon; drei Artillerie-Abteilungen mit Flakgeschützen und Feldhaubitzen; Kampfeinheiten der Magdeburger Polizei; Einheiten des Reichsarbeitsdienstes; Volkssturmkompanien; ungefähr 800 Hitlerjungen des Banners Magdeburg, die von Heeresausbildern militärisch geschult worden waren; Einheiten der Sturmgeschützschule Burg; das Organisation-Todt-Regiment 116.[353] Einer ebenfalls eingesetzten SS-Einheit war in erster Linie

Metropole mit „lichter" Zukunft. Magdeburg 1933 – 1945

die Aufgabe zugedacht, die Kampfmoral nicht erlahmen zu lassen.

Die Blicke des militärischen Führungsstabes der Stadt gingen in Richtung Osten. Bei dem täglich befürchteten Angriff der Sowjets aus den Stellungen an der Oder musste auch mit einem schnellen Vorrücken gegnerischer Streitkräfte bis an die Elbe gerechnet werden. Daher konzentrierten sich nahezu alle Maßnahmen auf die Verteidigung des westelbischen Teiles der schwer zerstörten Stadt. Dass in diesen Tagen und Wochen die meisten Magdeburger mit einer Möglichkeit intakte Flussübergänge zu sichern und einen Brückenkopf zu bilden. Am 6. des Monats überschritten amerikanische Verbände die von schwachen deutschen Einheiten kaum verteidigte Weserlinie.[356] Nun näherte sich die Front im Westen der Elbestadt. Der Festungskommandant leitete jetzt hier Verteidigungsmaßnahmen ein. Am 7. April bildete der Magdeburger Polizeipräsident aus den ihm unterstellten Polizisten ein Regiment. Zwei Tage später erhielt der Volkssturm den Einberufungsbefehl. Proviant und Wolldecken waren mitzubringen. Die Zahl der dem Kommandanten zur Verfügung stehenden Soldaten,

sowjetischen Offensive rechneten, belegt der Brief einer Mutter an ihren an der Front stehenden Sohn. Sie schrieb: „Es wird so viel gemunkelt. Die Brücken der Stadt sollen unterminiert sein, damit sie sofort gesprengt werden können, wenn der Russe kommt. Auch von einer eventuellen Räumung von Cracau und Friedrichstadt wird gesprochen. Es kann einem schon ein bisschen ‚mulmig' werden, aber noch ist es ja nicht so weit."[354]

Die sich seit Anfang April überstürzenden militärischen Ereignisse zwangen Raegener von heute auf morgen den Blick vom Osten nach dem Westen zu wenden.[355] In dieser Zeit erhielt die 9. US-Armee Order, in das mittlere Elbegebiet vorzustoßen, nach

Volkssturmmänner und Hitlerjungen war jedoch so gering, dass am Stadtrand nur eine dünn besetzte Verteidigungslinie gezogen werden konnte. Die Kürze der Zeit schloss auch aus, um das westelbische Magdeburg umfangreiche Schanzarbeiten durchzuführen und Stellungen anzulegen. Die Verteidiger sollten vor allem die zur Stadt führenden Straßen und Chausseen sichern. Dort angelegte Panzersperren wurden geschlossen und verstärkt. Die Soldaten und SS-Angehörigen verfügten über Maschinengewehre und eine begrenzte Zahl von Geschützen. Der Volkssturm und die Hitlerjugend waren mit leichten Infanteriewaffen und Panzerfäusten ausgerüstet. Der Kampf um Magdeburg stand unmittelbar bevor!

Bild links:
Der Magdeburger Volkssturm wird zum Schanzen eingesetzt

Bild rechts:
Unterweisung im Gebrauch der Panzerfaust, 1944

Metropole mit „lichter" Zukunft. Magdeburg 1933 – 1945

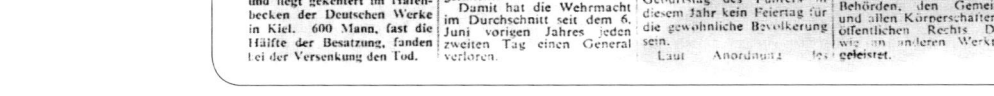

Amerikanisches Flugblatt vom 12. April 1945

Metropole mit „lichter" Zukunft. Magdeburg 1933 – 1945

Der Faber-Verlag gab zwischen dem 13. und 16. April 1945 drei Frontzeitungen heraus

Metropole mit „lichter" Zukunft. Magdeburg 1933 – 1945

Eroberung und Besetzung der Stadt

Einheiten der 2. US-Panzerdivision nähern sich von Südwesten der Elbestadt

Am späten Nachmittag des 11. April näherten sich die ersten amerikanischen Panzer Großottersleben.[357] Der Gegner stand vor den Toren der Stadt. Um 16:45 Uhr begannen die Sirenen zu heulen – Feindalarm! Der Vorstoß von Kampfverbänden der 2. US-Panzerdivision zielte darauf, am Südrand Magdeburgs die Elbe zu erreichen und eine Flussüberquerung vorzubereiten. Nach Feuergefechten um die Einnahme des Flugplatzes an der Leipziger Chaussee bewegten sich die US-Truppen auf der Ottersleber Chaussee in Richtung Osten. An der Straße Alt Salbke angekommen, schwenkte ein Teil nach Westerhüsen ein, während der andere Salbke und Fermersleben besetzte. Am 12. April forderten die vor Buckau stehenden Amerikaner die deutschen Verteidiger zur Übergabe der Stadt auf. Nach der ablehnenden Antwort schlossen die US-Truppen einen Ring um das westelbische Magdeburg.

Mit der Belagerung entstand für die Stadt eine neue, vor Jahresfrist noch von niemandem für möglich gehaltene Situation. Die öffentliche Ordnung begann sich aufzulösen. Die Stadtoberen zogen sich in den Nordbunker, von nun an die „Verteidigungszentrale", zurück. Selbst hinter dicken Betonmauern sitzend, verlangten sie von den Polizisten, Volkssturmmännern und Hitlerjungen bedingungslosen Einsatz. An die Magdeburger wurden Durchhalteappelle gerichtet. Beim völligen Versagen der Behörden ging ein Teil der Bevölkerung dazu über, sich mit Lebensmitteln

Metropole mit „lichter" Zukunft. Magdeburg 1933 – 1945

Bild oben:
Das 120. Regiment der 30. US-Division sammelt sich am 17. April 1945 am Ortsausgang Barleben zum Angriff auf die Neustadt

Bild unten:
US-Soldaten in der Halberstädter Straße

Metropole mit „lichter" Zukunft. Magdeburg 1933 – 1945

selbst zu versorgen. Speicher, Magazine und Verpflegungszüge wurden ausgeräumt. Eine „Endzeitstimmung" griff um sich. Jeder dachte an das Heute, niemand an das Morgen.

Unmittelbar vor und während der Belagerung machte sich unter den lokalen Handlangern der Diktatur wegen des zukünftigen Verbleibs der Zwangsarbeiter immer mehr Kopflosigkeit, ja Panik breit. In der Magdeburger Rüstungsindustrie arbeiteten über 12.000 Zwangsarbeiter – zivile und kriegsgefangene ausländische Arbeitskräfte, KZ-Häftlinge und Juden. Sie waren in vier KZ-Außenlagern und einer Reihe von Barackenkomplexen untergebracht. Seit dem Beginn des Jahres 1945 befürchteten ihre Aufseher und Peiniger, dass es angesichts der nahenden Befreier zu Unruhen oder einem Aufstand kommen könnte. Daher wurde begonnen, die Zwangsarbeiter auf die östliche Elbseite zu bringen. So evakuierte die SS am 13. April 3.000 weibliche Zwangsarbeiter aus dem Lager Polte in das Stadion „Neue Welt" an der Berliner Chaussee. Am gleichen Tag öffneten sich für die politischen Gefangenen des Gerichtsgefängnisses die Tore.[358] Zuvor waren mit Martin Schwantes, Hermann Danz, Johann Schellheimer, Fritz Rödel bekannte Magdeburger Antifaschisten im Zuchthaus Brandenburg hingerichtet worden.[359]

Nachdem ein erneuter Versuch der Amerikaner, den Festungskommandanten zur kampflosen Übergabe der Stadt zu bewegen, gescheitert war, begann nach intensivem Artilleriebeschuss und Luftangriffen der Sturm auf die Stadt. Es musste teilweise heftiger Widerstand gebrochen werden. Am 17./18. April wurde der Westteil Magdeburgs eingenommen. Ober-

Magdeburger Antifaschisten: Martin Schwantes, Hermann Danz, Johann Schellheimer und Fritz Rödel (v. l. n. r.)

Metropole mit „lichter" Zukunft. Magdeburg 1933 – 1945

Seite 132
Bild oben:
Lebensmittel und Gebrauchsgegenstände werden geplündert

Bild unten:
Wasserholen in der Augustastraße

Bild oben:
In der zerstörten Panzerfertigung des Krupp-Gruson-Werkes

Bild unten:
Vor dem Bismarck-Denkmal am Scharnhorstplatz

Metropole mit „lichter" Zukunft. Magdeburg 1933 – 1945

Metropole mit "lichter" Zukunft. Magdeburg 1933 – 1945

Rast amerikanischer Truppen

Seite 134:
Amerikanischer Panzer auf dem Breiten Weg

bürgermeister Markmann und lokale NS-Größen ergaben sich im Nordbunker. Um ein Vordringen der US-Truppen in Richtung Osten zu erschweren, waren alle Elbbrücken gesprengt worden. Da die Amerikaner auf dem Westufer der Elbe stehen blieben, wurde der Fluss für kurze Zeit zur Hauptkampflinie.[360] Das änderte sich jedoch bald mit dem Vordringen von Einheiten der Sowjetarmee aus dem Osten.

Ende April gerieten die im ostelbischen Magdeburg stehenden deutschen Streitkräfte in eine immer größere Zwangslage. Während sie sich einerseits weiterhin mit den Amerikanern über den Fluss bekriegten, blickten sie andererseits mit zunehmender Sorge in Richtung Osten. Nach der am 16. April begonnenen Oderoffensive und der vollzogenen Einkreisung Berlins erhielten Truppen des 1. Ukrainischen und der 1. Belorussischen Front den Befehl zur Elbe vorzustoßen. Der immer deutlicher werdende Gefechtslärm bewog die Wehrmachts- und SS-Einheiten, die ostelbischen Stadtteile zu verlassen und in Richtung Norden abzuziehen, um dort über den Fluss in amerikanische Gefangenschaft zu gehen.[361] In Magdeburg schwiegen endgültig die Waffen.

Am frühen Morgen des 5. Mai begannen sowjetische Truppen den ostelbischen Teil der Stadt und den Werder zu besetzen. Russen und Amerikaner standen sich nun an den zerstörten Elbbrücken gegen-

Metropole mit „lichter" Zukunft. Magdeburg 1933 – 1945

Bild oben:
Zerstörte Brücke

Bild unten:
Einweihung der von amerikanischen Pionieren über die Stromelbe gebauten Freundschaftsbrücke

über. Trotz einer gemeinsamen Siegesparade auf der von US-Pionieren über die Stromelbe geschlagenen Holzbrücke blieb das Verhältnis der beiden Mächte von Anfang an unterkühlt. Das geteilte Magdeburg durchlebte in den ersten Nachkriegsmonaten bereits die Probleme, die in den folgenden Jahren für das Vierzonendeutschland bestimmend werden sollten. Ende Mai erfolgte die Übernahme der Besatzungsherrschaft des Westteiles durch britische Truppen.[362] Gemäß den von den Siegermächten auf der Krim-Konferenz beschlossenen Dokumenten bezüglich des Besatzungsregimes im besiegten Deutschland gehörten die linkselbischen Gebiete der Provinz Sachsen und damit auch Magdeburg zur Sowjetischen Besatzungszone.[363]

Die von den Rundfunkstationen verbreitete Nachricht machte in Windeseile auch unter den „West-Magdeburgern" die Runde. Unter den Menschen war eine steigende Nervosität zu beobachten.[364] Am 1. Juli erfolgte der Besatzungswechsel. Ein Magdeburger hielt über die einrückenden Russen fest: „Man hatte nicht den Eindruck, dass es sich um Kriegstruppen handelte. Was sich nun beim Betrachten der Roten Armee zeigte, war das völlige Gegenteil. In langen Kolonnen zu Fuß, unterbrochen von kleinen Panjewagen, die durcheinander beladen waren mit Kriegsmaterial, Möbeln, uneinheitlich in Ausrüstung und Uniform, so zogen die russischen Truppen durch die menschenleeren Straßen, da nach Absprache zwischen Engländern und Russen Ausgehverbot erlassen worden war. In fast allen Abteilungen marschierten Schulter an Schulter auch Frauen neben den Männern. Motorisierte Einheiten sah man nicht. [...] An diesem Tag, das war uns klar, war die Grenze Asiens mitten nach Deutschland verlegt worden."[365]

Bereits nach wenigen Wochen begann die Besatzungsmacht mit einer umfassenden politischen Säuberung der Stadtverwaltung und der Unternehmensleitungen. Auch die Elbestadt wurde fortan zum Wirkungsfeld sowjetischer Geheimdienste. Neben aktiven NSDAP-Mitgliedern verschwanden auch Missliebige in den sowjetischen Internierungslagern. Die freigewordenen beruflichen Positionen übernahmen meistens Kommunisten. Damit wurde eine wichtige Voraussetzung für die nach der Jahresmitte 1945 einsetzende gesellschaftliche Umgestaltung geschaffen.

Antrittsbesuch des sowjetischen Generals Bagylewski beim amerikanischen Stadtkommandanten

Quellen- und Literaturverzeichnis

1. Vgl. Manfred Wille, Magdeburgs Aufbruch in die Moderne. Magdeburger Kommunalpolitik vom Ausgang des ersten Weltkrieges bis zum Beginn der NS-Diktatur, Magdeburg 1995, S. 88.
2. Ebenda, S. 92.
3. Ebenda, S. 104.
4. Ebenda.
5. Bundesarchiv (im Folgenden: BArch), R1501, Kommunalabtlg. 1811, 11.3.33.
6. Verwaltungsbericht 1932/33, S. 1.
7. BArch, R1501, Kommunalabtlg. 1811, 4.11.33.
8. Ebenda, 6.7.33.
9. StAM, Rep.18.⁴, Bü75, Bl. 50.
10. Ebenda.
11. Ebenda, Bl. 257.
12. Ebenda, Bl. 595.
13. BArch, R1501, Kommunalabtlg. 1811, 6.7.33.
14. Verwaltungsbericht 1933/34, S. 14.
15. Verwaltungsbericht 1935, S. 9f.
16. Vgl. StAM, Rep.18.⁴, Bü303–315.
17. Verwaltungsbericht 1933/34, S. 21.
18. Vgl. StAM, Rep.18.⁴, Bü76, Bl. 104.
19. Ebenda, Bü139, Bl. 533.
20. Ebenda, Bü236, 12.5.33.
21. Ebenda, Bü75, Bl. 430.
22. Ebenda, Bü137, 20.7.33.
23. Ebenda, Bü138, 10.7.35.
24. Ebenda, Bü239, 23.3.34; Bü76, Bl. 194.
25. Verwaltungsbericht 1937, S. 25.
26. Ebenda 1935, S. 307–308.
27. Vgl. ebenda für die Jahre ab 1933.
28. Ebenda 1936, S. 7; StAM, Rep.18.⁴, Bü238, Magistratssitzung 23.10.33.
29. Vgl. StAM, Rep.18.⁴, Bü141, Nr. 85, 23.3.38.
30. Ebenda, Bü145, Nr. 32, 21.5.42.
31. Ebenda, Bü137, Nr. 152, 20.7.33.
32. Ebenda.
33. Ebenda, Nr. 198, 20.9.33.
34. Ebenda, Bü239, 23.3.34.
35. BArch, NS25/274, 11/34.
36. StAM, Rep.18.⁴, Bü303, 12.12.34.
37. Verwaltungsbericht 1935, S. 81.
38. BArch, NS25/279, Bl. 83.
39. StAM, Rep.18.⁴, Bü77, S. 8.
40. Ebenda, Bü308, Bl. 184.
41. Ebenda.

42 Ebenda, Bl. 180.
43 Ebenda, Bl. 186, Bl. 190–191.
44 Verwaltungsbericht 1939/40, S. 67ff.
45 Ebenda, S. 114.
46 StAM, Rep.18.⁴, Bü310, 13.2.39.
47 BArch, NS25/280, Bl. 273.
48 Ebenda, R3901, 21.357, Bl. 5.
49 Ebenda, Bl. 9.
50 Ebenda, Bl. 14.
51 Ebenda, Bl. 23ff.
52 StAM, Rep.18.⁴, Bü142, 8.11.39.
53 Ebenda, 27.3.39.
54 Ebenda, Bü143, 26.3.40.
55 BArch, N25/281, Bl. 5.
56 Ebenda, Bl. 74.
57 StAM, Rep.18.⁴, Bü144, 5.4.41.
58 Ebenda, Bü137, 5.9.33.
59 Ebenda.
60 Adolf Holzapfel, Das Magdeburger Hafenwesen, Magdeburg 1938, S. 120ff.
61 StAM, Rep.18.⁴, Bü303, Bl. 268-269.
62 Vgl. Zum Ost-West-Durchbruch Verwaltungsbericht 1937, S. 9–10.
63 Ebenda 1936, S. 81.
64 BArch, NS25/279, Bl. 142.
65 StAM, Rep.18.⁴, Bü140/I, 4.3.37.
66 Ebenda.
67 Verwaltungsbericht 1937, S. 9.
68 StAM, Rep.18.⁴, Bü143, 10.12.40.
69 Ebenda, Bü309, Bl. 192.
70 Verwaltungsbericht 139/40, Bl. 136.
71 StAM, Rep.18.⁴, Bü313, Bl. 136.
72 Ebenda, Bü209, 29.8.38.
73 Ebenda.
74 Ebenda, Bü142, 12.7.39.
75 Vgl. Manfred Wille, Großstadt auf Festungsterrain. Magdeburg 1870 – 1918, Kremkau 2004, S.126.
76 Elbe und Mittellandkanal, herausgegeben aus Anlass des Elbschiffahrtstages 1935 am 29./30. August in Hamburg. Sonderbeilage der Magdeburger Tageszeitung.
77 Magdeburger Amtsblatt, 1931, S. 54.
78 Magdeburgs Wirtschaft in Vergangenheit, Gegenwart und Zukunft, S. 34.
79 StAM, Rep.18.⁴, Bü138, 10.7.35.
80 Ebenda, Bü75, Bl. 347.
81 Verwaltungsbericht 1936, S. 187.
82 StAM, Rep.18.⁴, Bü303, Bl. 127; Verwaltungsbericht 1938/39, S. 139.
83 StAM, Rep.18.⁴, Bü239, 29.1.34.
84 Vgl. Elbe und Mittellandkanal, a.a.O.
85 Vgl. Magdeburg, Architektur und Städtebau, Halle 2001, S. 354.
86 Verwaltungsbericht 1938/39, S. 138.

[87] StAM, Rep.18.⁴, Bü315, Bl. 479-480.
[88] Vgl. Manfred Wille, Großstadt auf Festungsterrain, S. 116–122.
[89] Ebenda.
[90] Vgl. Hans Otto Gericke, Manfred Wille. Von der „Alten Bude" zum faschistischen Konzern, Magdeburg 1982.
[91] K. Ehebrecht, Die Geschichte unseres Hauses von 1838 bis 1938, Magdeburg 1938, S. 258f.
[92] Deutschland von 1933 bis 1939, Berlin 1969, S. 98.
[93] Vgl. Gericke, Wille, S. 70.
[94] Vgl. ebenda, S. 77.
[95] Ebenda, S. 73.
[96] Die folgenden Darlegungen stützen sich auf Pascal Begrich, Die Polte OHG und das Außenlager des KZ Buchenwald Polte-Magdeburg, Magisterarbeit, Magdeburg 2003, S. 41ff.
[97] Ebenda, S. 46.
[98] Ebenda, S. 54.
[99] StAM, Rep.18.⁴, Bü141, 6.1.38.
[100] Ebenda, 20.9.38.
[101] Pascal Begrich, S. 47–48.
[102] Manfred Wille, Magdeburgs Aufbruch in die Moderne, S. 90.
[103] StAM, Rep.18.⁴, Bü75, Bl. 248.
[104] Ebenda, Bü143, 6.2.40; Bü77, Bl. 217.
[105] Ebenda, Bü77, Bl. 308.
[106] Ebenda, Bü314, Bl. 10.
[107] Ebenda, Bü138, 24.9.35.
[108] Ebenda, Bü76, Bl. 339–340.
[109] Ebenda, Bü138, 24.9.35.
[110] Ebenda, Bü305, Bl. 2.
[111] Ebenda, Bü138, 24.9.35.
[112] Ebenda.
[113] Ebenda.
[114] Ebenda, Bü141, 5.7.38.
[115] Ebenda, Bü79, Bl. 95–96.
[116] Ebenda, Bü141, 28.4.38.
[117] Ebenda, Bü139 II, Bl. 858.
[118] Geschichte der Wasserversorgung. Stadt Magdeburg, Magdeburg 2005, S. 51.
[119] Ebenda, S. 53.
[120] StAM, Rep.18.⁴, Bü141, 9.11.38.
[121] Ebenda, Bü79, Bl. 206.
[122] Ebenda, Bü141, 9.11.38.
[123] Ebenda, 23.10.38.
[124] Ebenda.
[125] Ebenda, Bü305, Bl. 303.
[126] Ebenda, Bü308, Bl. 445.
[127] Ebenda, Bü80, Bl. 20.
[128] Ebenda, Bü236, 29.5.33; Bü240, 18.6.34; Bü141, 4.4.38.
[129] Verwaltungsbericht 1936, S. 13; vgl. ebenda 1937, S. 22–23.
[130] StAM, Rep.18.⁴, Bü306, Bl. 245.
[131] Ebenda, Bü303, Bl. 105.

132 Verwaltungsbericht 1940/41 III, S. 37.
133 StAM, Rep.18.⁴, Bü78, Bl. 148.
134 Verwaltungsbericht 1937, S. 233.
135 Ebenda 1939/40 II, S. 234.
136 Ebenda 1940/41 III, S. 37.
137 StAM, Rep.18.⁴, Bü137, 20.9.33.
138 Ebenda, Bü76, Bl. 54, Bl. 304, Bl. 572.
139 Ebenda, Bü242, 9.10.34.
140 Verwaltungsbericht 1938/39, S. 133.
141 StAM, Rep.18.⁴, Bü141, Dokument Nr. 93.
142 Ebenda, Bü137, 18.3.33.
143 Ebenda, Bü304, Bl. 192.
144 Ebenda, Bü235, 10.4.33.
145 Ebenda, Bü304, Bl. 195.
146 Ebenda, Bü78, Bl. 297.
147 Ebenda, Bü307, Bl. 300.
148 Ebenda, Bü304, Bl. 14.
149 Verwaltungsbericht 1935, S. 146.
150 StAM, Rep.18.⁴, Bü303, Bl. 474.
151 Ebenda, Bü307, 9/37.
152 Ebenda, Bü308, Bl. 209.
153 Ebenda, Bü142, 14.7.39.
154 Ebenda, Bü145, 17.1.42.
155 Verwaltungsbericht 1938/39, Bl. 72.
156 StAM, Rep.18.⁴, Bü313, Bl. 316.
157 Ebenda, Bü311, Bl. 282.
158 Verwaltungsbericht 1933 – 37, S. 94–95.
159 Ebenda, S. 145.
160 Ebenda.
161 Ebenda, S. 176; Bü241, 27.8.34.
162 Ebenda, Bü144, 3.9.41.
163 Ebenda, Bü312, Bl. 173.
164 Ebenda, Bü235, 10.4.33; Verwaltungsbericht 1933/34, S. 94.
165 StAM, Rep.18.⁴, Bü137, 12.10.33.
166 Ebenda.
167 Ebenda, Bü77, Bl. 38.
168 Ebenda, Bü306, Bl. 33.
169 Verwaltungsbericht 1937, S. 179.
170 Ebenda, 1933/34, S. 92.
171 Ebenda.
172 StAM, Rep.18.⁴, Bü145, Bl. 192–193.
173 Verwaltungsbericht 1935, S. 135.
174 StAM, Rep.18.⁴, Bü239, 29.1.34.
175 Verwaltungsbericht 1935, S. 139.
176 Ebenda 1939/40, S. 4.
177 Ebenda, 1935 – 37, S. 11.
178 StAM, Rep.18.⁴, Bü242, 19.11.34.
179 Verwaltungsbericht 1938/39, S. 130, S. 155.
180 Ebenda 1938/39 II, S. 152.
181 StAM, Rep.18.⁴, Bü141, 1.9.38; Bü79, Bl. 161.

182 Verwaltungsbericht 1939/40 III, S. 218.
183 Ebenda 1940/41 III, S. 187.
184 Ebenda, 1933/34, S. 83.
185 StAM, Rep.18.⁴, Bü238, 10.10.33.
186 Ebenda, Bü304, Bl. 282.
187 Ebenda, Bü137, 7.12.33.
188 Ebenda, Bü75, Bl. 424.
189 Ebenda, Bü310, Bl. 200.
190 Ebenda, Bü311, 25.1.40.
191 Ebenda, Bü305, Bl. 138.
192 Amtliches Schulblatt für den Regierungsbezirk Magdeburg für das Jahr 1933, Magdeburg, S. 171.
193 Kerstin Dietzel, Schule in gesellschaftlichen Umbrüchen – skizziert am Beispiel des „Staatlich Vereinigten Dom- und Klostergymnasiums" in Magdeburg von 1928 bis 1950, Magisterarbeit 1997, S. 34.
194 Vgl. Verwaltungsbericht 1939/40 III; ebenda 1940/41 III..
195 StAM, Rep.18.⁴, Bü76, Bl. 69.
196 Ebenda.
197 Verwaltungsbericht 1940/41 III, S. 122.
198 Ebenda.
199 Ebenda 1939/40 III, S. 146.
200 Ebenda, S. 148.
201 StAM, Rep.18.⁴, Bü311, Bl. 202.
202 Ebenda, Bü138, 29.3.35; Verwaltungsbericht 1935, S. 160.
203 StAM, Rep.18.⁴, Bü305, Bl. 259.
204 Ebenda, Bü203, Bl. 37.
205 Ebenda, Bü141, 28.6.38; Bü242, 9.10.34.
206 Magdeburgische Zeitung, 21.3.39.
207 StAM, Rep.18.⁴, Bü303, Bl. 35.
208 Ebenda, Bü308, Bl. 285.
209 Ebenda, Bü309, Bl. 254.
210 Ebenda, Bü77, Bl. 42.
211 Ebenda, Bü308, Bl. 463–464.
212 Ebenda, Bü307, Bl. 21.
213 Ebenda, Bü309, Bl. 254.
214 Verwaltungsbericht 1937, S. 191; ebenda 38/39 I, S. 15.
215 Ebenda, 1935, S. 150.
216 Ebenda, S. 153.
217 StAM, Rep.18.⁴, Bü137, 23.10.33.
218 Verwaltungsbericht 1933/34, S. 97.
219 StAM, Rep.18.⁴, Bü137, 13.11.33.
220 Ebenda, Bü239, 29.1.34.
221 Verwaltungsbericht 1933/34, S. 102.
222 StAM, Rep.18.⁴, Bü236, 22.5.33.
223 Ebenda, Bü138, 26.6.35.
224 Verwaltungsbericht 1936, S. 155.
225 StAM, Rep.18.⁴, Bü306, S. 9–14.
226 Verwaltungsbericht 1933/34, S. 97.
227 Ebenda, 1938/39 I, S. 9.
228 StAM, Rep.18.⁴, Bü307, Bl. 280–284.

[229] Ebenda, Bü142, 31.12.38; 28.2.39.
[230] Verwaltungsbericht 1936, S. 153.
[231] StAM, Rep.18.⁴, Bü306, Bl. 9–14.
[232] Verwaltungsbericht 1939/40 II, S. 124.
[233] Ebenda, S. 126.
[234] Ebenda 1940/41 I.
[235] StAM, Rep.18.⁴, Bü314, Bl. 19.
[236] Ebenda, Bü75, Bl. 83.
[237] Ebenda, Bü235, 24.4.33.
[238] Ebenda, Bü236, 22.5.33.
[239] Ebenda, Bü305, Bl. 479–480.
[240] Ebenda, Bü306, Bl. 384.
[241] Ebenda, Bü310, Bl. 62 u. Bl. 83.
[242] Ebenda, Bü77, Bl. 51.
[243] Ebenda, Bü308, Bl. 20.
[244] Ebenda, Bü303, Bl. 36.
[245] Ebenda, Bl. 354–355, Bl. 487.
[246] Vgl. Hans Joachim Levy, in Volksstimme, 26.10.88.
[247] Wolfgang Hassel, in Volksstimme, 4.11.88.
[248] Mathias Muth, Magdeburg am Vorabend des Zweiten Weltkrieges, Diplomarbeit 1997, S. 78.
[249] General-Anzeiger, Magdeburger Tageblatt, 13.11.38.
[250] StAM, Rep.18.⁴, Bü79, Bl. 38.
[251] Verwaltungsbericht 1938/39, S. 17–18.
[252] StAM, Rep.18.⁴, Bü309, Bl. 277; BArch, R. 1501, 1813, 2.9.38.
[253] BArch, R.58, 1574, Bl. 579–580.
[254] Ebenda, 1582, Bl. 680.
[255] Ebenda, NS25/279, Bl. 183.
[256] StAM, Rep.18.⁴, Bü138, 23.9.35.
[257] BArch, NS25/279, Bl. 143.
[258] Ebenda.
[259] Ebenda, R.1501, 1811, 14.8.36.
[260] Ebenda.
[261] Ebenda, NS25/279, Bl. 48.
[262] StAM, Rep.18.⁴, Bü141, 23.2.38.
[263] Ebenda.
[264] Verwaltungsbericht 1938/39, S. 79.
[265] StAM, Rep.18.⁴, Bü142, 16.11.39.
[266] Ebenda, Bü144, 5.4.41.
[267] Ebenda, Bü142, 18.12.39.
[268] Ebenda, Bü141, 22.6.38.
[269] Ebenda, Bü310, Bl. 319; BArch, NS 25/279, Bl. 216.
[270] Verwaltungsbericht 1939/40, S. 7.
[271] Magdeburger Generalanzeiger, 28.8.39.
[272] Magdeburgische Zeitung, 29.2.33.
[273] BArch, R.58, 1571, Bl. 566.
[274] Ebenda, 1582, Bl. 670–672.
[275] Ebenda, 1577, Bl. 631.
[276] Ebenda, 1571, Bl. 568.
[277] Ebenda, 1577, Bl. 632.

278 Ebenda, 1582, Bl. 678–679.
279 Ebenda, 1571, Bl. 884–885.
280 Ebenda, 1577, Bl. 630.
281 Ebenda, 1582, Bl. 669.
282 „… damit die Freiheit lebt", Magdeburg 1966, S. 71–72.
283 StAM, Rep.18.⁴, Bü76, Bl. 545.
284 Ebenda, Bü140 I, 18.5.37.
285 Ebenda, Bü143, 26.3.40.
286 Magdeburgische Zeitung, 24./25.6.39.
287 Verwaltungsbericht 1939/40 I, S. 107.
288 StAM, Rep. 18.⁴, Bü77, Bl. 125.
289 Chronik der Stadt Magdeburg, 1937, S. 13.
290 Ebenda.
291 Magdeburgische Zeitung, 12. u. 13.3.38.
292 Ebenda, 23.3.38.
293 Ebenda, 31.3.38, 2./3.4.38.
294 Ebenda, 20.10.38.
295 Ebenda, 7.3.38.
296 Ebenda, 28.2.39.
297 StAM, Rep. 18.⁴, Bü141, 3.5.38.
298 Ebenda, 7.7.38.
299 Ebenda, 3.5.38.
300 Ebenda, Bü143, 5.4.40.
301 Ebenda, Bü137, 23.10.33.
302 Ebenda, Bü242, 9.10.34.
303 Ebenda, Bü303, Bl. 175–176.
304 Magdeburgische Zeitung, 17.5.38.
305 StAM, Rep. 18.⁴, Bü143, 30.7.40.
306 Ebenda, Bü303, Bl. 23.
307 Ebenda, Bü142, 13.9.39.
308 Magdeburgische Zeitung, 30.11.38.
309 Ebenda, 10.3.39.
310 Ebenda, 27.7.39.
311 Ebenda.
312 Die nachstehenden Darlegungen folgen dem Beitrag des Verfassers „Tod und Zerstörung durch Luftbombardements im Zweiten Weltkrieg", in: „Dann färbte sich der Himmel blutrot …", Die Zerstörung Magdeburgs am 16. Januar 1945, Magdeburg 1995, S. 38–73; siehe auch Manfred Wille „Der Himmel brennt über Magdeburg. Die Zerstörung der Stadt im Zweiten Weltkrieg", Magdeburg 1990.
313 Dann färbte sich der Himmel, S. 41.
314 Ebenda, S. 42.
315 Ebenda.
316 Magdeburgische Zeitung, 22.8.40.
317 Dann färbte sich der Himmel, S. 43.
318 Ebenda.
319 Ebenda, S. 44.
320 Ebenda, S. 46.
321 Ebenda.
322 Ebenda, S. 52.

323 Ebenda.
324 Ebenda.
325 Ebenda.
326 Ebenda, S. 54.
327 Ebenda.
328 Ebenda, S. 56.
329 Vgl. Olaf Groehler, Bombenkrieg gegen Deutschland, Berlin 1990, S. 194.
330 Dann färbte sich der Himmel, S. 56.
331 Ebenda, S. 59.
332 Ebenda.
333 Ebenda.
334 Ebenda, S. 60.
335 Ebenda.
336 Ebenda, S. 61.
337 Ebenda, S. 62.
338 Ebenda, S. 64.
339 Ebenda.
340 Ebenda, S. 65.
341 Ebenda.
342 Ebenda.
343 Ebenda, S. 66.
344 Ebenda; vgl. zur Zerstörung der Stadt, Maren Ballerstedt/Konstanze Buchholz, Es regnet Feuer! Die Magdeburger Schreckensnacht am 16. Januar 1945, Wartberg Verlag 2003.
345 Ebenda, Ballerstedt/Buchholz, S. 37ff.
346 Vgl. Groehler, Vor 40 Jahren, in: Flieger-Revue 2/85, S. 50ff.
347 Ebenda.
348 Dann färbte sich der Himmel, S. 71.
349 Ebenda.
350 Die nachstehenden Ausführungen folgen der Publikation des Verfassers „Der Krieg ist aus! Magdeburg 1945", Wartberg Verlag 2005.
351 Ebenda, S. 7.
352 Ebenda, S. 8.
353 Vgl. ebenda, S. 8.
354 StAM, ZG133, 13.
355 Der Krieg ist aus, S. 10ff.
356 Ebenda, S. 10.
357 Ebenda, S. 12.
358 Stadtjournal, S. 8.
359 BArch, SG Y30, 1321, Bl. 10.
360 „... damit die Freiheit lebt", S. 92–93.
361 Der Krieg ist aus, S. 26ff.
362 Volksstimme, 18.4.91.
363 Der Krieg ist aus, S. 48.
364 Vgl. Alfred Grosser, Geschichte Deutschlands seit 1945. Die ersten dreißig Jahre, München 1974, S. 48ff.
365 StAM, ZG 128.5(4), S. 7.
366 Ebenda.

Bildnachweis

Archiv Dr. Heiko Schmietendorf

Sammlung des Autors

Zeitgenössische lokale Presse

Veröffentlichungen des Autors, für die er seinerzeit die Genehmigungen der betreffenden Institutionen (Stadtarchiv Magdeburg, Kulturhistorisches Museum Magdeburg, Landeshauptarchiv Sachsen-Anhalt) erhalten hat, und zwar „Der Himmel brennt über Magdeburg", Magdeburg 1989; Beitrag in „Dann färbte sich der Himmel blutrot ...", Magdeburg 1995; „Der Krieg ist aus! Magdeburg 1945", Wartberg Verlag 2005.

Junkers-Archiv im Technikmuseum Magdeburg

Metropole mit „lichter" Zukunft. Magdeburg 1933 – 1945

Plan der Stadt Magdeburg 1940

RUNDGANG DURCH MAGDEBURG

1. Hauptbahnhof.
1a. Hochhaus, Faber-Verlag, erb. 1929/30.
1b. Stadttheater, erbaut 1876 von Karl Lucae.
1c. Otto-von-Guericke-Straße, Straße der Banken und Großhandelsgeschäfte.
1d. Museum für Stadtgeschichte und heimatliche Volkskunde: Stadtgeschichte, Volkskunde des Magdeburger Landes.
1e. St. Ulrichs- u. Lewin-Kirche, in gotischem Baustil, die achteckigen Turmgeschosse und die Turmhelme nach 1861. An der Straßenseite die bemerkenswerte Wrede-Grabkapelle aus dem Jahre 1673.

2. Breiter Weg,
die 2 km lange Hauptverkehrs- und Geschäftsstraße der Stadt.
2a. Barockbauten, meist zur Zeit des „Alten Dessauer" entstanden, Breiter Weg 20, 30, 174/79.
2b. Ehem. Pieschel'sches Haus, Breiter Weg 12, Barockstil.
2c. Reichspostdirektion, Hauptpost, 1900 vollendet.
2d. St. Sebastian-Kirche, gotischer Baustil mit romanischen Resten, 1878 wiederhergestellt. Jetzt kath. Pfarrkirche der Altstadt.
2e. Reichsbank, Baujahr 1922/23.
2f. Kaiser-Friedrich-Museum, erbaut 1906, hervorragende Sammlungen: Gemälde, Skulpturen, Handzeichnungen, Kupferstiche, Kunstgewerbe, Trachten, Münzen.

3. Domplatz,
mit herrlichen Barockhäusern, in denen heute u. a. untergebracht sind:
3a. Museum f. Naturkunde u. Vorgeschichte reiche Sammlungen der Zoologie, Geologie, Mineralogie und Vorgeschichte.
3b. Regierung mit dahinterliegendem Oberpräsidium.
3c. der Dom, das ehrwürdigste Denkmal der norddeutschen Haussteingotik, auf den Trümmern des 1207 vernichteten ottonischen Domes errichtet und Anfang des 16. Jahrh. vollendet; 104 m hohe Türme. Am Paradiesportal: kluge und törichte Jungfrauen, Westliche Eingangshalle; Grabmal des Erzbischofs Ernst v. Sachsen (von Peter Vischer), 1495 vollendet.
3d. Fürstenwall mit altem Turm „Kiek in de Köken"; Ehrenmal der NSDAP.
3e. Zeughaus-Museum, ehem. Kirche des St. Nicolai-Stiftes, Gotischer Bau nach 1350.
3f. Fachwerkhaus von 1506 in der Kreuzgangstraße bei dem „Alten Zeughaus". Einziger Fachwerkbau, der die Zerstörung von 1631 überdauerte.
3g. Kloster Unser Lieben Frauen, 1015 gegründet. Berühmter romanischer Kreuzgang; die Klosterkirche (jetzt Marienkirche) ursprünglich rein romanisch, Anfang des 13. Jahrhunderts gotisch eingewölbt.

4. Hasselbachplatz,
Straßenschnittpunkt für die südlichen, vorwiegend industriellen Vororte.
4a. Bismarck-Denkmal (v. Prof. Echtermeyer), enthüllt 1899.
4b. Polizei-Präsidium, erb. 1913.
4c. Justizpalast, erb. 1902/04.
4d. Gartenstadt Hopfengarten, interessante Einzelsiedlung.
4e. GartenstadtReform, Großsiedlg, seit 1910.
4f. Krankenhaus M-Sudenburg
4g. Klosterberggarten, auf dem Gelände des ehem. Kloster Berge; erster Volksgarten Deutschlands nach englisch. Muster; angelegt 1825. Das Gesellschaftshaus nach einem Entwurf von Schinkel.
4h. Gruson-Gewächshäuser, 1895 der Stadt von Hermann Gruson geschenkt, weltbekannte Kakteensammlung, Kleintierzoo.
4i. Adolf-Hitler-Brücke, 1914-22 erbauter Brückenzug über die Stromelbe.

5. Ausstellungsgelände,
mit guten Restaurants und geräumigen Ausstellungshallen, die den Ehrenhof umgeben, an dessen Nordseite das Pferdetor liegt. Im Westen die
5a. Stadthalle, 1927 in 4½ Monaten erbaut, mit dem Saal der 5000, Sammelpunkt aller großen Kongresse u. Veranstaltungen.
5b. Ausstellungsturm, Baujahr 1927, 62 m hoch, Turmrestaurant, lohnende Aussicht auf die Stadt und Umgebung.
5c. Rotehorn-Park, Umfang etwa wie der Berliner Tiergarten, auf einer Insel zwischen Stromelbe u. Alter Elbe. Beginn der Ausgestaltung seit den 70er Jahren des 19. Jahrh.
5d. Adolf-Mittag-See, mit der lieblichen Marieninsel, eine künstliche Erweiterung der Tauben Elbe.
5e. Freilichttheater, in einem ehem. Fort.
5f. Rotehornspitze mit „Salzquelle". Teilungspunkt der beiden großen Elbarme, Ruder-, Segel-Sport usw.

6. Werder und rechtes (östl.) Elbufer.
6a. Strombrücke, seit 1862, östlich das ehemalige Zitadellen-Gelände, Dampfer-Anlegestelle für den Personenschiffsverkehr.
6b. Der „Neue Packhof", auf der Stadtseite, nordwärts der Strombrücke, Warenspeicher im klassizistischen Stil, erbaut 1832–36, dahinter der „Alte Packhof", Warenspeicher in prunkhaftem Barockstil, erbaut 1729–31.
6c. Großsiedlung am Brückfeld.
6d. Zur R'autobahn über Berliner Chaussee, Heyrothsberge, Möser (18 km).
6e. Stadion „Neue Welt", Strandbad, Europa-Schwimmkampfbahn 1934
6f. Herrenkrugpark, eine der schönsten Erholungsstätten, Anfang des 19. Jahrh. entstanden, angrenzend Biederitzer Busch und Botanischer Garten; Pferderennbahn.
6g. Hindenburgbrücke, erb. 1900/03. Blick auf Stadt und Elbe; Brücke der Magdeburger Pioniere, erb. 1934.

7. Alter Markt,
mittelalterl. Platzanlage, trotz Zerstörung 1631 fast unverändert; auf der Südseite prächtige Renaissance- und Barockbauten. Vor dem Rathaus das Reiterdenkmal Kaiser Otto I., ältestes Denkmal dieser Art in Deutschland, 13. Jahrh.
7a. Rathaus, ursprüngl. mittelalterlicher Bau, heutiger Zustand seit Ende des 17. Jahrh. Westbau in niederländ.-italienischer Spätrenaissance. Der Ratskeller (13. Jahrh.) mit Bischofssaal, in dem 1325 Erzbischof Burchard III. erschlagen wurde.
7b. Otto-von-Guericke-Denkmal, zum Gedenken des bedeutenden Bürgermeisters u. Erfinders (Luftpumpe, Magdeburger Halbkugeln) von Prof. Echtermeyer, enth. 1907
7c. Johanniskirche, ursprüngl. Basilika, im 15. Jahrh. in eine Hallenkirche umgewandelt. Hier predigte Luther 1524. Davor Lutherdenkmal (von Hundrieser), enthüllt 1886.
7d. Geschäftshäuser im Verkehrszentrum der Stadt.
7e. Haus der Deutschen Arbeit, vollend. 1933.
7f. Katharinenkirche, gotische Hallenkirche.

8. Kaiser-Wilhelm-Platz,
mit Denkmal (v. Prof. Siemering, enth. 1897) und Brunnenanlagen.
8a. Zentraltheater, Baujahr 1905-1907, Spezialitäten- und Operettentheater.
8b. Haupt-Telegraphenamt, erb. 1928, mod. Ziegelbau, bedeut. Innenarchitektur.
8c. ehem. Nordfriedhof, seit 1920 zu einem prächtigen Park umgestaltet.
8d. Deutsch-ref. Kirche, anstelle der ehem. Kirche auf dem Breiten Weg (Reichspostdirektion), eingeweiht 1899. General v. Steuben-Reliquien.
8e. Allgem. Ortskrankenkasse, 1927 erb.
8f. Königin-Luise-Garten, auf ehemaligem Festungsgelände, mit Königin-Luise-Denkmal (von Joh. Götz), enthüllt 1901.
8g. Vogelgesang: Park, angelegt 1842, berühmt durch Rosen- und Dahlien-Kulturen.
8h. Zur R'autobahn ü.Schwerin-Krosigk-Damm (10 km).

9. Schlageterplatz,
Verkehrsknoten der westl.Straßenzüge (Umgehungsstraße), Auffahrt zur R'autobahn über Editharing-Königstraße-Lüneburger Straße-Lübecker Straße. (7 km)
9a. Glacisanlagen, auf alten Festungswällen im Stadtinnern, blühende Parkflächen.
9b. Westernplan, neuzeitliche Großsiedlung.
9c. Goethestraße, gärtnerische Anlagen am Schrotelauf, im Westen Pauluskirche.
9d. Siedlung Gr. Diesdorfer Straße, 1925 begonnen, größter Siedlungskomplex Magdeburgs für 10000 Einwohner, neuzeitlicher Schulbau Schmeilstraße.
9e. Halle Land und Stadt, 1921 als Viehmarkt-, Ausstellungs- und Sporthalle erbaut.
9f. Städt. Schlacht- und Viehhof, 1893 erb., letzthin bedeutend erweitert.

Dauer des auf dem Stadtplan gelb eingezeichneten Hauptrundgangs ohne Aufenthalt ein Stunden.

Herausgeber: Magdeburger Verkehrsverein e.V. und Verkehrsamt der Stadt Magdeburg
Druck: Kunst- und Lichtdruckwerk Paul Richter, Magdeburg-N.

Metropole mit „lichter" Zukunft. Magdeburg 1933 – 1945

Impressum

© **2008**
Block-Verlag und Autor

Gestaltung + Realisation
SW-Kommunikation: Thomas Westermann
www.sw-kommunikation.net

Alle Rechte vorbehalten.
Dieses Buch oder Teile davon dürfen nicht vervielfältigt, in Datenbanken gespeichert oder in irgendeiner Form übertragen werden ohne die schriftliche Genehmigung des Verlages.
Die Klärung der Rechte wurde vom Autor nach bestem Wissen vorgenommen – soweit dennoch Rechtsansprüche bestehen, bitten wir die Rechteinhaber, sich an den Verlag zu wenden.

Block-Verlag
Umgehungsstraße 37
39624 Kremkau
Tel./Fax 039080 9169
www.block-verlag.de

ISBN 978-3-934988-64-4

Printed in Germany

**Gefördert durch das
Landesverwaltungsamt Sachsen-Anhalt.**

Großstadt auf Festungsterrain. Magdeburg 1870 – 1918

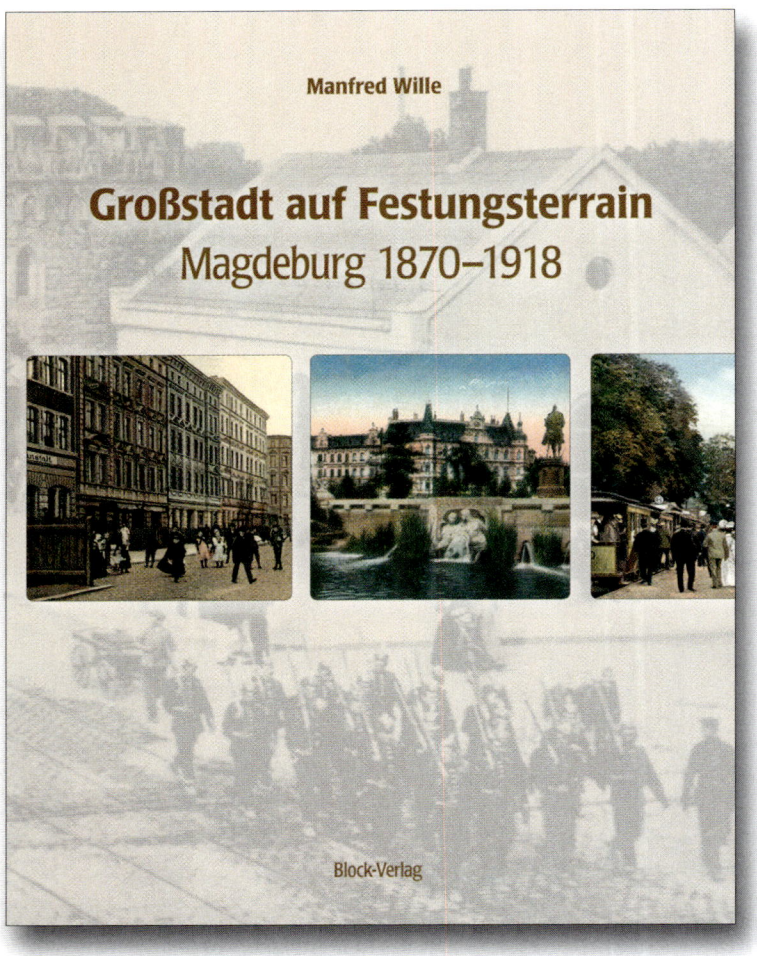

Geburt einer Großstadt: In Magdeburg beginnt sie mit dem Schleifen von Festungsmauern. Oder genauer, mit dem zähen Ringen der Bürgerschaft, der rigiden Militärverwaltung eine Perspektive für ihre Stadt abzutrotzen. Nach dem Abbruch alter Tore wachsen mit der Kommune die Herausforderungen, aber auch Elan und Geschick der Bürger, diese zu meistern.

Detailreich dokumentiert „Großstadt auf Festungsterrain" den Weg Magdeburgs aus dunklen, engen Gassen hin zu einem pulsierenden, urbanen Organismus. Plastisch wird der Aufbau einer modernen Infrastruktur, einer facettenreichen Kulturlandschaft beschrieben. Gerade dieser Detailreichtum lässt das Buch für Fachpublikum und der Elbestadt geneigte Leser gleichermaßen wertvoll erscheinen. Die 12 Kapitel über das Gemeinwesen der Jahre 1870 bis 1918 gewähren Einsichten in eine intakte kommunale Selbstverwaltung und folgen den frischgebackenen Großstädtern zu ihren Lieblingsplätzen. Soziale Schattenseiten werden dokumentiert, groteske Details nicht ausgespart.

Über 200 historische Fotografien und Ansichten komplettieren den lebendigen Eindruck einer gerade erwachenden modernen Metropole, spiegeln das Treiben auf alten, neuen Straßen und Plätzen. Ausführliches Kartenmaterial im Anhang erleichtert dem Leser die Navigation auf den Spuren der Geschichte.

Manfred Wille
**Großstadt auf Festungsterrain.
Magdeburg 1870 – 1918**

Block-Verlag
Umgehungsstraße 37, 39624 Kremkau,
Tel./Fax 039080 9169
www.block-verlag.de

ISBN 978-3-934988-26-1

24,80 Euro